CLASSIQUES EN POCHE

*Collection
dirigée
par
Hélène Monsacré*

Dans la même collection

1. Aristophane, *Lysistrata.*
2. Aristote, *Constitution d'Athènes.*
3. Cicéron, *L'Amitié.*
4. Platon, *Alcibiade.*
5. Suétone, *Vies des douze Césars, Claude ~ Néron.*
6. Plotin, *Première Ennéade.*
7. Eschyle, *Les Sept contre Thèbes.*
8. Platon, *Critias.*
9. Aristote, *La Poétique.*
10. Horace, *Odes.*
11. Pline l'Ancien, *Hist. Nat., XXXV, la Peinture.*
12. Virgile, *Bucoliques.*
14. Tacite, *Vie d'Agricola ~ La Germanie.*

PLATON

MÉNEXÈNE

Traduction de Louis Méridier
Introduction et notes de Jean-François Pradeau

LES BELLES LETTRES

1997

*Ce texte et la traduction
sont repris du volume correspondant
dans la Collection des Universités de France (C.U.F.),
toujours disponible avec apparat critique et scientifique.
(Platon, tome V, 1ère partie, 7e tirage, 1989.)*

© 1997, Société d'édition Les Belles Lettres,
95 bd Raspail 75006 Paris.

ISBN : 2-251-799913-3
ISSN : 1275-4544

INTRODUCTION

*par Jean-François Pradeau**

Au mois d'octobre de chaque année de guerre, et cela sans doute depuis les guerres Médiques, Athènes rendait un hommage public à ses soldats morts au combat. C'est à l'occasion de ces funérailles civiques que l'oraison funèbre était prononcée, devant les dépouilles. L'oraison funèbre était un genre aux contraintes et aux motifs bien définis, qui devait à la fois louer le courage des disparus, exhorter les survivants et les consoler. Ce discours tripartite (éloge, exhortation et consolation) ne se limitait pas à la seule célébration des funérailles, mais il était l'occasion pour la cité, réunie devant ceux qui étaient morts pour elle (et non pas en leur nom, comme les héros), de consacrer sa propre valeur. L'oraison funèbre, comme l'a montré Nicole Loraux, était une parole politique, l'un des discours privilégiés par la démocratie athénienne qui s'y représentait elle-même, distinguée depuis l'origine des autres cités, vouée par la libre vertu de sa bravoure à défendre tous les Grecs et d'autant plus puissante qu'elle rassemblait un peuple d'exception, tout entier uni par la naissance et par la loi[1].

* Professeur agrégé à l'université de Bordeaux-III.
1. Voyez l'ensemble de l'ouvrage de N. Loraux, *L'Invention d'Athènes*, à la lecture duquel cette introduction voudrait être une invitation.

Faisant l'éloge des morts, l'orateur saluait ainsi les vivants, les uns et les autres réunis dans le partage d'une même citoyenneté.

Après bien des orateurs, après Gorgias, après Thucydide (qui rapportait l'oraison prononcée par Périclès à la fin de la première année de la guerre du Péloponnèse), au même moment que Lysias, avant Démosthène et Hypéride[2], Platon rédige donc à son tour une oraison funèbre pour les morts de la guerre de Corinthe. Mais le philosophe, à la différence des orateurs ou de l'historien, n'a pas cherché à louer la bravoure de la démocratie athénienne ; si le *Ménexène* est bien un discours politique, et peut-être même funèbre, c'est parce qu'il est un pastiche pamphlétaire dirigé contre la démocratie athénienne.

1. Une oraison funèbre

> « Tu ne perds aucune occasion, Socrate,
> de plaisanter les orateurs » (235 c 7).

Le *Ménexène* est rédigé après le *Gorgias*[3], dont il poursuit la critique de la rhétorique, et plus particulièrement de « la sorte de persuasion que produit la rhétorique devant les tribunaux et les autres assemblées » (*Gorgias*, 454 e 7-8). C'est l'éloquence politique qui est de nouveau dénoncée, l'usage démagogique du discours que favorise la démocratie athénienne. De la flatterie et

2. Sur ces auteurs et sur le genre de l'oraison, voyez la note critique B, en fin de volume, et le texte de l'*Oraison funèbre* attribuée à Lysias.

3. Le *Ménexène* évoque la paix d'Antalcidas (387/386), sans rappeler d'événements postérieurs à celle-ci ; la date de sa rédaction est ainsi estimée à l'année 386. Cela en fait sans doute l'un des dialogues contemporains du « retour » de Platon à Athènes et de la fondation de son Académie, indissociable, comme le montre ce pastiche, d'une prise de parti politique.

du mensonge comme instruments de la technique gouvernementale, le *Gorgias* faisait la critique éthique (le
mode de vie favorisé par la rhétorique est opposé au
mode de vie philosophique, puis condamné) et politique
(les orateurs qui gouvernent à Athènes n'ont jamais
amélioré leurs concitoyens) ; mais Socrate n'y avait pas
recours à l'histoire athénienne. Du moins jamais afin
d'établir ou de justifier l'un de ses arguments critiques.
Les événements historiques y étaient ainsi négligés, au
profit de l'examen des modes de vie auxquels les
hommes politiques entendent soumettre les citoyens. Le
Ménexène accuse le trait athénien et antidémocratique
de la critique du *Gorgias,* en lui donnant pour matériau
historique les éléments les plus fameux du récit des
triomphes athéniens.

L'oraison funèbre que Socrate prononce de-vant
Ménexène au sortir du Conseil est consacrée à la louange des Athéniens morts pendant la guerre de Corinthe
(de l'année 395 à la paix de 386). Comme l'exige le
genre de l'*epitaphios*, l'orateur loue l'héroïsme des
combattants morts pour la cité en les associant à ceux
qui jadis furent leurs ancêtres. L'oraison fait ainsi l'histoire de la valeur des héros athéniens, depuis les conflits
légendaires jusqu'au deuil récent qui lui a donné sa raison d'être. Si l'on tient l'oraison attribuée à Lysias[4] pour
le modèle du genre, et si l'on admet que le pastiche du
Ménexène y souscrit[5], on peut reconnaître à cette glorieuse histoire athénienne un double commencement :

4. L'oraison du Pseudo-Lysias est bien sûr postérieure à l'oraison
de Périclès qui, premier témoignage du genre, fut peut-être prononcé
en 431. On citera désormais et par commodité l'*Oraison funèbre*
comme un texte de Lysias, en dépit de la fausseté probable de l'attribution (voyez la notice de M. Bizot, dans l'édition de la C.U.F.,
Discours, I, p. 42-45). De larges extraits de *l'Oraison funèbre* sont
reproduits en fin de volume, p. 54.

5. Le *Ménexène* connut une postérité pour le moins paradoxale,
puisqu'il fut longtemps tenu pour la plus réussie des oraisons, mais
aussi pour authentique (et sincère). Le témoignage et la méprise de

celui, légendaire, de la victoire des ancêtres contre les Amazones et du secours que Thésée porta à Adraste[6]; puis, celui des guerres Médiques[7]. Ce sont les deux triomphes, identiques en ce sens, qui fondent et légitiment l'hégémonie athénienne. Athènes est ainsi consacrée comme un peuple autochtone[8], les Athéniens comme ceux des hommes que la terre a enfantés et nourris avant d'en faire les amis des dieux. Des Athéniens qui vivent — depuis l'origine semble-t-il — sous le régime politique de la communauté des intérêts et de la justice [9]. La propagande démocratique trouve dans l'oraison funèbre une justification historique de l'excellence athénienne. Avec cette particularité donc que les légendes anciennes et les événements plus récents livrent une seule et même leçon : la démocratie est ce régime excellent qui, depuis toujours, assure à Athènes le triomphe contre les barbares et l'hégémonie sur les autres cités grecques, qui, sans elle, seraient orphelines et asservies. Le rappel des guerres Médiques et la chronologie des exploits athéniens accomplis depuis ne doit toutefois pas occulter l'aspect discontinu de la relation historique. Comme le souligne N. Loraux, les orateurs athéniens inscrivent « l'histoire d'Athènes dans un espace temporel beaucoup plus étendu que celui

---

Denys d'Halicarnasse (c.60 - c.8) sont édifiants. Denys examine le *Ménexène*, dont il salue la qualité d'ensemble mais qu'il soumet à une sévère critique en dénonçant les passages qui, trop lourds ou trop discordants à son goût l'empêchent d'être une excellente oraison (étude sur *Démosthène*, 5-7 et 23-30 ; puis sur *La composition stylistique*, 9 et 18) ; voyez encore les remarques de la note critique B.

6. Lysias, *Oraison funèbre*, 4-10.

7. *Ibid.*, 20-53. Voir les éléments de chronologie en fin de volume.

8. *Ibid.*, 17 ; *Ménexène*, 237 b 6.

9. Lysias parle de « démocratie » (18), quand Socrate (ou Aspasie) se montre moins soucieux de la terminologie, mais plus précis quant à la nature du gouvernement : « c'est en réalité le gouvernement de l'élite avec l'approbation de la foule » (238 d 1-2), qui joint l'égalité politique à l'égalité d'origine (l'*isonomie* à l'*isogonie*).

des historiographes, ne se souciant même pas de remplir les périodes vides à la manière des auteurs de chronologie, car la pérennité du mérite athénien assure à elle-même la cohérence du récit. Dans l'*excursus* historique de l'oraison funèbre, on ne trouvera donc pas le déroulement d'une continuité, mais la mise en scène répétitive et exemplaire d'une seule et même *aretê*[10]. » Les oraisons funèbres se contentent effectivement de relever des faits de bravoure au cours d'une chronologie historique ou légendaire déjà connue de leur public, sans se justifier par ailleurs des procédures ou des outils utilisés afin de relater le passé. Leur souci n'est donc aucunement historiographique, ni même historique, puisque les faits rappelés doivent toujours être suffisamment connus pour que les discours puissent se contenter d'y faire allusion. Les seuls ajouts ou la seule précision qu'apportent alors les oraisons consistent en l'emphase de la louange ; ce que l'histoire athénienne n'établit pas assez — l'excellence athénienne — l'oraison entreprend de le figurer. Elle joue ainsi le rôle d'une exhortation, et cherche à inviter les vivants « à imiter la vertu de ces hommes » (236 e 6). La chronologie des exploits guerriers n'a donc qu'une importance relative, et le catalogue des exploits s'efface devant la mise en scène rhétorique de l'excellence. À tel point que Périclès peut prononcer une oraison sans jamais recourir à l'histoire d'Athènes pour illustrer sa louange[11]. Comme le fait encore remarquer N. Loraux, l'oraison funèbre traite le passé sous la forme d'une litanie de *morceaux choisis*, négligeant le travail d'enquête auquel se consacre l'historiographie depuis le début du Vᵉ siècle[12] ; son propos

10. *L'Invention d'Athènes*, p. 157-158.
11. *Histoire de la guerre du Péloponnèse*, II, 34-46 (sur cette absence d'exploits, voir N. Loraux, *op. cit.*, p. 165). L'oraison prononcée par Périclès avait été composée, révèle Socrate, par son épouse milésienne Aspasie (236 b 5-6).
12. *Op. cit.*, p. 166-167.

est seulement de faire, à Athènes et à propos d'Athènes, l'éloge de la démocratie. L'histoire est la source à laquelle les orateurs puisent leurs exploits.

L'*Oraison funèbre* de Lysias et celle que Thucydide attribue à Périclès sont l'objet du pastiche platonicien qui, sous l'aspect du matériau légendaire et historique, s'en écarte sur plusieurs points. Ces différences, qui donnent évidemment tout son sens au pastiche, portent d'abord sur l'ampleur du matériau. Inexistant chez Thucydide, il n'est pas dans le *Ménexène* de même facture que chez Lysias : les exploits légendaires n'y occupent guère l'orateur Socrate, qui néglige l'épisode des Amazones et celui des Héraclides[13]. Platon ne semble donc favoriser, hormis l'accent initial mis sur l'autochtonie, que la seule chronologie historique dont les guerres Médiques sont le commencement. C'est l'ampleur de cette période récente qui distingue ensuite le *Ménexène* du discours de Lysias, quand le premier traite de la guerre du Péloponnèse, qui est victime d'une omission bien compréhensible chez l'orateur démocrate. Les autres différences, moins perceptibles, portent sur la leçon politique que l'un et l'autre tirent des exploits passés. Afin de les énumérer et de les apprécier, rappelons le plan du discours de Socrate/Aspasie.

---

13. Socrate y fait seulement allusion, en 239 c 2-3. Aristote rappelle, dans la *Rhétorique*, que le secours porté aux Héraclides et la bataille de Marathon sont les deux prémisses du syllogisme oratoire, ou politique, destiné à inciter les Athéniens à faire ou à ne pas faire la guerre (II, 22, 1396 a sq.). La remarque a son importance, puisqu'elle nous donne une confirmation de ce que l'oraison funèbre prend toujours place à la suite d'un conflit, mais surtout à la veille d'un autre à la préparation duquel elle va exhorter les citoyens.

Plan détaillé du *Ménexène*

234 a 1-236 d 3	*Prologue*
234 c 1-235 c 6	le charme de l'oraison funèbre
235 e 8-236 d 3	Aspasie
236 d 4-249 c 8	*l'oraison*
236 d 4-237 b 2	justification et plan de l'oraison (naissance / éducation /exploits)
237 b 3-237 e 2	la bonne naissance (autochtonie et théophilie)
237 e 2-238 b 6	nourriture et éducation
238 b 7-239 a 5	la constitution politique
239 a 6-246 a 4	*les exploits athéniens*
239 a 6-239 c 3	les exploits légendaires
239 c 3-241 e 5	*les guerres Médiques*
239 d -240 a 4	l'empire perse
240 a 5-240 e 6	Marathon
240 e 7-241 c 4	Salamine et Artémision
241 c 5-241 e 5	Platées
241 e 6-243 d 7	*les trois guerres contre les Grecs*
242 a 6-242 c 2	Tanagra
242 c 3-242 e 4	Sphactérie
242 e 5-243 d 7	l'expédition de Sicile
243 e 1-244 b 3	*la guerre civile*
244 b 4-246 a 4	*la guerre de Corinthe*
246 a 5-248 d 6	*prosopopée des morts*
246 a 5-246 c 8	présentation du discours
246 d 1-248 d 6	prosopopée
248 d 7-249 c 8	*exhortation et consolation*
249 d 1-249 e 7	*épilogue.*

La chronologie de l'oraison platonicienne couvre une période extrêmement vaste : de la seconde expédition de Darius contre la Grèce (490)[14] à la paix d'Antalcidas (386)[15], c'est plus d'un siècle d'exploits

---

14. Le *Ménexène* évoque cette expédition, conduite par le Mède Datis (240 a); voir l'*Enquête* d'Hérodote, VI, 94 sq. Les événements historiques importants ou mentionnés ici sont consignés en fin de volume, dans la chronologie.

15. Socrate y fait allusion en 245 e.

qui est rappelé et glorifié par Socrate. Le commencement historique de l'oraison y est, comme dans les
autres oraisons, la bataille de Marathon[16]; on y trouve
ensuite tous les thèmes caractéristiques de l'oraison :
l'autochtonie, l'éloge de la constitution, la gloire initia-
le et le parangon de vaillance qu'incarnent les exploits
contre le Roi, l'hégémonie d'Athènes et son statut de
champion dévoué à la liberté. La disposition de ces
thèmes est à son tour conforme à l'usage, qui fait suivre
l'éloge des morts d'une consolation des vivants.

Les figures de style, disposées tout au long d'un
plan savamment composé (et fidèle à l'introduction),
témoignent de la volonté d'exploiter toutes les res-
sources du genre, de se plier à chacune de ses contraintes
formelles[17]. C'est la condition du pastiche, qui ne
devient réellement une satire qu'à partir du moment où
l'on tient compte du traitement des exploits passés et des
conclusions qu'il inspire à l'orateur.

2. L'histoire contre l'oraison

Nous l'avons signalé, le récit historique des exploits
occupe dans l'oraison platonicienne une place importante. Il y a là une spécificité du *Ménexène* qui le distingue
des autres oraisons. Non seulement de celle de
Thucydide, qui ignore la chronologie, mais aussi de
celle de Lysias. Les commentateurs du *Ménexène* expo-
sent la parenté des deux textes et soulignent combien le
dialogue de Platon s'inspire d'une oraison qui dut être
prononcée peu d'années avant la paix d'Antalcidas[18].

16. Lysias, 23 sq. Et Thucydide y fait tout de même allusion
comme à la première bravoure (II, 39, 5).

17. Voyez la note critique B en fin de volume.

18. Dans sa notice à l'*Oraison funèbre*, M. Bizot retient comme
probable l'époque de la seconde défaite corinthienne, en 392 ;
voir p. 43.

Mais, s'ils établissent bien la reprise des thèmes et de la composition, ils négligent le fait que le matériau historique, le catalogue des exploits, occupe moins l'oraison de Lysias et ne reçoit pas de sa part l'attention précise que lui accorde Socrate. L'exemple inaugural de Marathon le montre assez bien. Là où Lysias rappelle que le roi de Perse « envoya contre nous [les Athéniens] une armée de cinq cent mille hommes » (21), à laquelle firent obstacle avant de l'emporter à Marathon les seuls Athéniens, Platon conduit un récit historique autrement plus précis (240 a 5-240 e 7). Il s'en remet d'ailleurs à Hérodote, en signalant que l'expédition vise Athènes *et* Érétrie, qu'elle était composée de cinq cent mille hommes *et* trois cents navires, sous le commandement de Datis[19]. Platon rappelle encore que les Perses débarquèrent d'abord sur le territoire d'Érétrie avant de rejoindre Marathon. Là, les Athéniens l'emportèrent seuls, mais furent tout de même rejoints par les Lacédémoniens. De manière générale, le détail historique que produit Platon, là où la louange de Lysias tend évidemment à consacrer le seul mérite athénien, présente Marathon comme un conflit opposant plusieurs cités (Érétrie et Sparte sont donc engagées), toutes sauvées par Athènes. Cette forme de scrupule historiographique — sous l'autorité des historiens — a d'abord pour effet de contrarier la lecture exclusivement athénienne de la bataille. Mais elle est aussi caractéristique du trait le plus remarquable de la composition du *Ménexène*. En effet, l'oraison de Platon ne se contente pas de faire se succéder les exploits athéniens : elle trouve dans la chronologie historique le principe d'une continuité absente de l'*Oraison funèbre*. Chez Lysias, ce sont les interventions de l'orateur qui lient les différentes séquences. N. Loraux, quand elle insiste sur l'aspect de *morceaux*

---

19. L'*Enquête* donne ces informations, mais des chiffres différents, voir VI, 94-120.

choisis de bravoure que prend l'oraison, remarque que celle-ci multiplie les *metà taûta* (« après quoi », « à la suite de quoi ») et numérote les guerres qu'elle énumère successivement[20]. Mais ces pièces ou ces séquences sont aussi introduites par des transitions. Ainsi, Lysias intervient-il dans le cours de son discours qui accumule les adresses, les questions, ou encore les signes de l'appartenance à une même communauté (les héros anciens, l'orateur et son public sont tous embrassés, comme des parents, par la louange). Le *Ménexène* exploite une même fonction phatique, mais d'autant plus discrète qu'elle ne lie pas les unes aux autres les séquences historiques. Continu, le récit évoque Tanagra et les conflits des années 461-455 à la suite de la victoire de Platées (242 c 3, *metà taûta*). Il n'est pas davantage interrompu quand, une page plus loin, Socrate fait se succéder l'expédition de Sicile et la guerre civile (au Pirée, 243 e1. Là encore, *metà taûta*).

Ainsi, Platon rédige une oraison qui semble plus soucieuse d'histoire et d'exactitude que ne l'étaient les précédentes. Bien entendu, la guerre du Péloponnèse, oubliée par Lysias[21], s'en trouve mise en valeur. Mais elle n'est pas seule concernée ; c'est l'ensemble du matériau qui est considéré de manière originale, puisque Socrate rapporte tous les faits de guerre athéniens et qu'il les relate les uns à la suite des autres. Le *Ménexène* compte, du point de vue de l'exactitude historique, un grand nombre d'omissions, de silences ou de compromis qui servent la louange d'Athènes, et, comme le genre de l'oraison l'exige, le dialogue délivre bien un catalogue d'exploits favorables à l'hégémonie de la cité. Mais, au contraire du genre qu'il pastiche, ce dernier fait se suivre

---

20. *Op. cit.*, p. 157. Mais la numérotation des guerres, il faut y insister, est le propre du seul *Ménexène*.

21. Elle disparaît entre les paragraphes 57 et 58 de l'*Oraison funèbre*, sans que l'auteur s'en explique.

les exploits athéniens, de manière à substituer au catalogue et à la répétition de l'excellence athénienne l'histoire de son *altération*. N. Loraux associait les *metà
taûta* des morceaux choisis de l'oraison et la « numérotation » des guerres athéniennes dans le *Ménexène*. Mais
cette numérotation ne *compte* pas les victoires athéniennes, elle les *classe*, selon l'ordre décroissant d'une
hiérarchie continue. Le plan de l'oraison platonicienne
n'est pas celui d'un catalogue, mais celui d'un classe-
ment hiérarchique qui donne « le premier prix » (240 e
7) à la victoire de Marathon, puis le second (241 a 1) à
Salamine et Artémision, de telle sorte que, *contre le
principe même de l'oraison*, Platon introduit une différence de valeur entre les exploits[22]. Une différence qui
va croissant, comme le montre la succession des six
conflits. Marathon oppose Athènes, *seule*, à l'immense
armée barbare. Puis Salamine et l'Artémision viennent
« parachever » (241 a 6), sur mer, la victoire terrestre de
Marathon. Vient enfin Platées, « le troisième pour le
nombre et pour l'excellence» (241 c 5-6) qui consacre
définitivement la victoire sur le Roi et le salut de la
Grèce, « commun cette fois aux Lacédémoniens et aux
Athéniens » (241 c 6-7). Avec cette troisième victoire
Médique, le mérite est partagé entre les Grecs, et il ne
fait, insiste Socrate, que compléter les premiers exploits
(241 d 5). De Marathon à Platées, l'excellence décroît
donc, elle se partage, et l'ennemi est amoindri. Ce mou-

---

22. L'oraison distingue elle aussi, avec Lysias et Thucydide, des
exploits de valeur exceptionnelle et inégalée : ceux de Marathon ; c'est
d'ailleurs pourquoi l'héroïsme démocratique commence à Marathon,
et sert de modèle aux exploits suivants (voir Thc., II, 34, 5 : « On
confie alors les restes au monument public qui est situé dans le plus
beau faubourg de la ville et où l'on ensevelit toujours les victimes de
la guerre — à l'exception des morts de Marathon : pour ceux-
là, jugeant leur mérite exceptionnel, on leur donna la sépulture là-bas,
sur place »). Mais ces exploits ne sont plus classés ni distingués selon
leur valeur, puisque l'oraison doit justement établir la pérennité de
l'excellence.

vement se poursuit au cours des trois conflits suivants,
qui opposent Athènes à d'autres Grecs. Il s'agit d'abord
de Tanagra et d'Oinophytes, qui ont pour origine la rivalité et l'envie (242 a 3-5), puis de la victoire contre
Sparte à Sphactérie et, enfin, de la troisième guerre :
l'expédition de Sicile. Ce second ensemble d'exploits
voit donc les Grecs se déchirer, pour de mauvaises raisons (d'ordre psychologique), et Athènes s'opposer peu
à peu à tous les Grecs. À Tanagra puis à Oinophytes, les
Athéniens affrontent les Lacédémoniens pour sauver la
liberté des Béotiens, c'est-à-dire qu'ils défendent
« contre des Grecs la liberté grecque » (242 b 6-7).
L'histoire développe cet étrange paradoxe, puisque,
quelques années plus tard, c'est contre « le reste de la
Grèce» que les Athéniens sont en guerre (242 e 2), avant
de l'être, enfin, contre «tous les Grecs et les barbares »
(243 b 7), c'est-à-dire contre le monde des hommes en
son entier (*pántôn anthrôpôn*, 243 d 3-4). De Marathon
à la Sicile, Athènes conserve une hégémonie qui, autre-
fois étendue sur ses alliés grecs, embrasse désormais le
monde entier sous la forme d'une supériorité militaire.
Après avoir combattu les barbares et les Grecs, ne trou-
vant plus d'ennemis à sa mesure, Athènes se retourne
ainsi contre elle-même (c'est la guerre civile qui oppose
ceux d'Éleusis à ceux du Pirée), et fait la paix. Le passé
le plus récent peut être évoqué, et Socrate rappelle comment Athènes, souhaitant retrouver son hégémonie légitime, sa flotte et ses murailles, a dû de nouveau affronter, isolée (245 d 6-e 1), une alliance gréco-barbare
(guerre de Corinthe).

3. L'irrésistible déclin de l'empire athénien

De 490 à 386, selon le *Ménexène*, Athènes connaît
une quadruple évolution. En premier lieu, du fait de la
médiocrité, de la jalousie et de la défection de ses alliés,

Athènes se trouve de plus en plus seule ; ou plutôt, elle va d'une solitude à une autre : elle se bat seule pour la liberté de la Grèce entière, qui lui reconnaît l'hégémonie, et se trouve à terme seule face au monde entier qui la lui conteste. En second lieu, et c'est l'aspect majeur de cette contestation, elle acquiert une hégémonie sur la mer, dès après Marathon, qu'elle va s'efforcer (avec succès) de défendre jusqu'à la guerre de Corinthe (« nous gardions notre flotte, nos murs et nos propres colonies à l'issue des hostilités, tant les ennemis eux-mêmes étaient heureux d'en avoir fini ! », 245 e 4-7). De puissance terrienne opposée à la flotte barbare qui débarque près de Marathon, elle devient la puissance maritime hégémonique au début du IVe siècle. En troisième lieu, au fur et à mesure de ses exploits, Athènes fait l'épreuve de la dissension. D'abord parmi les Grecs, quand la jalousie les sépare au point d'en rallier certains aux barbares, et de les soulever contre elle ; puis en son sein même, quand elle connaît la guerre civile (242 e 1 et 243 e 3). En quatrième et dernier lieu, ce progrès dans la solitude et la dissension s'accompagne d'un trouble et d'une aggravation d'ordre psychologique et moral. D'abord sous la forme de la rivalité et de l'envie qui opposent des Grecs aux Athéniens dès la fin des guerres Médiques (rivalité et envie sont alors opposées à la bonté des Athéniens, 242 b 7), accusées par l'indignité et l'injustice du comportement des premiers[23], puis sous l'aspect, plus retors, des divisions internes à Athènes. Mais, précise le *Ménexène*, « ce n'est point la haine ni la méchanceté qui leur fit porter la main les uns sur les autres, mais la mauvaise fortune » (244 a 7).

Sous l'aspect de ces quatre formes d'évolution historique, le *Ménexène* se distingue assez nettement du catalogue traditionnel de l'oraison pour que l'on comprenne

---

23. Voir tous les jugements qui opposent la justice athénienne à l'iniquité ingrate des autres Grecs : en 242 c 5, 243 a 2, 243 b 3 sq., et 243 c 6 sq.

très vite qu'il en pastiche la forme et les thèmes afin
d'étayer un argument qui est en tous points opposé à la
louange démocratique d'Athènes. Il est remarquable que
ce soit à l'aide du récit historique, celui auquel les autres
oraisons empruntent leurs morceaux de bravoure, et en
façonnant ce dernier avec la liberté qui était aussi celle
des orateurs, que Platon parvienne à subvertir le genre
au point de l'amener, comme en une réfutation, à se
contredire entièrement.

Les nombreux truchements historiques, les oublis ou
les inversions chronologiques que produit le *Ménexène*
montrent à leur tour comment le progrès historique de la
valeur athénienne doit être lu comme la chronique d'une
décadence. Dans la notice de son édition, L. Méridier
montre comment Platon « se conforme à une convention
établie, en faisant servir à la glorification d'Athènes tout
ce qui lui est fourni par la légende et par l'histoire »
(p. 59). Socrate néglige ainsi la fin désastreuse de l'expédition contre l'Égypte (241 e), le rôle et la responsabilité d'Athènes dans les conflits grecs qui suivirent les
victoires médiques (242 a), les échecs qu'elle connut, le
soulèvement de certains de ses anciens alliés ou de ses
colonies, ou encore les conditions humiliantes de la paix
de 404 (243 d). La tyrannie des Trente est oubliée à son
tour, comme l'est la défaite d'Ægos Potamoi. Et Platon
n'hésite pas plus à mentir qu'à oublier : « Il n'est pas
vrai, souligne L. Méridier, que pendant la guerre
d'Archidamos *tous* les Grecs fussent ligués contre
Athènes (242 c) : en face des Péloponnésiens, elle avait
ses alliés, énumérés par Thucydide (II, 9) » (p. 64). Il y
a là le parti pris, celui de l'oraison démocratique, « de
tourner à la gloire d'Athènes toutes les démarches de sa
politique» (p. 60). Cette analyse n'est sans doute qu'en
partie juste ; elle présente l'inconvénient de ne considérer le pastiche platonicien que sous la forme d'une *imi-
tation*. Platon aurait ainsi, afin de le tourner en dérision,
scrupuleusement adopté les règles et les figures d'un

genre particulier, établi, de propagande. Mais, à la lire ainsi, on s'interdit d'apercevoir que l'oraison de Socrate est une transgression de ce genre, dont elle sape la forme et la leçon historiques. Nous avons déjà montré que le *Ménexène*, loin de répéter un même exploit, faisait le récit d'une évolution d'Athènes, une évolution vers le pire qui s'accommode très bien de la propagande démocratique dont elle retient l'image d'Athènes délaissée, seule à combattre contre les barbares ou les envieux. Et si, comme le souligne L. Méridier, Athènes se retrouve bien *seule*, c'est précisément parce que le *Ménexène* entend la rendre responsable de sa propre disparition. On doit donc prêter attention au fait que le pastiche platonicien modifie certaines des conventions de l'oraison athénienne, et qu'il les modifie afin d'obliger celle-ci à reconnaître ce que d'ordinaire elle a pour vocation d'occulter : Athènes, du fait des guerres contre les Grecs et des dissensions qu'elle a connues, se trouve dans la pire et la plus déshonorante des situations. Dans l'état que dénonce, contre l'*Oraison funèbre* qui lui est attribuée, Lysias dans le *Discours olympique*.

Que le *Ménexène* substitue bien au projet de l'oraison le récit de la décadence athénienne est rendu manifeste par un certain nombre d'expressions, relatives au thème de la discorde, qui étaient précisément utilisées à l'époque de la paix d'Antalcidas pour désigner le naufrage athénien. Le thème de la *stásis* n'est pas seulement le terme technique qu'emploie la *République* afin de désigner le plus grave des maux dont une cité peut être atteinte. Il est d'usage commun dans le discours politique qui l'utilise déjà comme le signe le plus grave et le plus indubitable de la dissolution de la cité. Dans le *Discours olympique*, contemporain du *Ménexène*[24], Lysias, loin de louer l'hégémonie d'Athènes, se plaint de

---

24. M. Bizot date le discours des années qui suivirent la paix d'Antalcidas, et penche pour l'olympiade de 384 (*Discours*, II, p. 201).

l'état déplorable de sa situation, et en appelle à ses concitoyens afin qu'ils se tournent contre Denys, tyran de Syracuse, et contre les Lacédémoniens. Pour dénoncer l'iniquité de ces faux alliés, Lysias dresse un rapide portrait d'Athènes, de la « situation déshonorante où elle est » (§ 4). Il le fait en des termes qui sont exactement ceux du *Ménexène*, en insistant sur les conflits dont Athènes fut la victime ou la dupe. Ces conflits sont de trois sortes : il s'agit soit de guerres (perdues contre les barbares, § 3), soit de guerres entre les cités grecques (§ 4 et 9), soit de dissensions internes à Athènes (§ 4). On retrouve alors, au fur et à mesure de l'aggravation, les trois termes que sont la guerre *(pólemos)*, la querelle *(philoneikía)* entre les cités, et la dissension *(stásis)*. Que ce soit dans le *Ménexène* ou dans le *Discours olympique*, ces trois termes se succèdent vers le pire de la même manière[25]. Le pire, aux yeux de Lysias, c'est l'issue historique de tous ces conflits : l'asservissement d'une partie du territoire athénien et l'hégémonie des Lacédémoniens, « les chefs des Grecs » (§ 8). Des Lacédémoniens qui possèdent ce que l'*Oraison funèbre* accordait à Athènes, c'est-à-dire la puissance maritime (« vous savez que l'hégémonie est à ceux qui sont maîtres de la mer », § 5), le rôle de « sauveurs de la Grèce dans les périls passés» (§ 7), et la gloire de citoyens qui « n'ont pas besoin de murailles, qui ne connaissent pas les discordes civiles, qui n'ont pas subi de revers, et qui ne sont pas fidèles à leurs principes » *(ibid.)*. Ce tableau, beaucoup plus avisé que ne pouvait l'être une oraison, donne lieu à une exhortation, et Lysias demande aux Athéniens de « rougir du passé, de craindre pour l'avenir et de rivaliser avec [leurs] ancêtres, par qui les barbares, avides d'un sol étranger,

---

25. Dans le *Ménexène*, le passage de la guerre à la querelle grecque s'effectue donc avec l'apparition de la jalousie et de l'envie (243 b 1 sq.).

furent privés du leur, qui chassèrent les tyrans et fondè-
rent la liberté commune » (§ 6). Si ce discours relève
encore de la propagande démocratique (l'hégémonie
d'Athènes y est réclamée comme un dû dérobé par
Sparte), il n'est plus du tout consacré à la louange athénienne. L'excellence des exploits passés est interrompue
(ce qui est contraire à sa répétition à l'identique dans
l'oraison), et il est à craindre que les Athéniens ne puissent jamais la retrouver.

Le contraste de l'*Oraison funèbre* et du *Discours
olympique* permet de mieux comprendre comment le
pastiche platonicien restitue les exploits athéniens,
contre les lois du genre, à un procès historique exprimé
en des termes qui sont ceux du diagnostic critique de la
chute d'Athènes. De sorte que l'oraison se trouve sub-
vertie par le vocabulaire et le schéma chronologique de
la condamnation d'Athènes.

4. Platon et Thucydide

Le *Ménexène* met en cause de manière analogue
l'oraison que prononce Périclès dans l'*Histoire de la
guerre du Péloponnèse*. Et d'autant plus sans doute que
Socrate présente son discours comme une partie de cette
première oraison; mieux encore, comme les restes, les
résidus de celle-ci (236 b 6). Cette source met d'abord
l'accent sur le trait répétitif et égal de l'oraison, qui reste
donc la même de la première année de la guerre du
Péloponnèse à la paix d'Antalcidas[26]. Comme si, et c'est
bien ce qu'entend démontrer l'oraison, le mérite athénien n'avait en rien diminué d'une date à l'autre. On l'a

---

26. L'anachronisme flagrant (Socrate aurait entendu Aspasie
« hier », 236 b 1) accuse encore le lien du *Ménexène* et de l'oraison
thucydidéenne. D'autant plus, sans doute, qu'Aspasie fut, d'une cer-
taine manière, victime de la démocratie athénienne (voyez, en fin de
volume, la note critique A).

vu, le *Ménexène* oppose à la pérennité de la grandeur
d'Athènes le récit de sa chute. La source de l'oraison
l'indique assez en suggérant que le discours de Socrate
sera un assemblage (236 b 6) des restes de la première
oraison. L'assemblage, réalisé par Aspasie, est donc
constitué soit des pièces de discours que n'avait pas prononcé Périclès en son temps, soit encore des restes d'un
discours qu'il avait effectivement prononcé, et qui était
alors bien plus vaste que ne le montre le témoignage de
Thucydide. Dans les deux cas, l'intention satirique est la
même, puisque les « restes » que prononce Socrate
contredisent l'oraison de Périclè, ne serait-ce donc,
encore une fois, que sur la démonstration de la continuité du mérite et de la liberté des Athéniens, par laquelle
Périclès introduit son oraison (II, 36, 1-2). Périclès
évoque le souvenir des ancêtres et les loue d'avoir légué
aux générations suivantes une cité libre, capable de se
suffire à elle-même, dotée d'une constitution originale
(37, 1), de lois heureuses et respectées. La bravoure des
Athéniens est à la mesure de leur goût pour la beauté et
la connaissance, comme de leur bienveillance désinté-
ressée. L'intérêt principal de cette oraison tient certaine-
ment à l'aspect politique, *constitutionnel*, qui est le sien.
Ce qui assure la grandeur et la force d'Athènes, c'est sa
constitution, indissociable de la valeur éthique de ses
citoyens. Ce point importe d'autant plus que le
Ménexène, s'il néglige la question du régime politique
— en constatant distraitement, allusivement, que celui
d'aujourd'hui est le même que celui d'alors, qu'on l'appelle aristocratie ou démocratie — qualifie à plusieurs
reprises le caractère éthique de la cité et des citoyens. Il
le fait en dénonçant le défaut des qualités que louait
Périclès. Quand ce dernier rend hommage à la justice et
à la bienveillance athéniennes, en soulignant chez ses
concitoyens l'absence de colère, et chez leurs ennemis
l'absence d'irritation ou de ressentiment (*aganaktêsis*,
41, 3), Socrate insiste plutôt sur les affections négatives

qui altèrent peu à peu le caractère athénien. L'irritation n'est pas dans le *Ménexène* le fait d'ennemis vaincus par Athènes, elle est le sentiment qui emporte les Athéniens eux-mêmes, devant l'ingratitude des autres Grecs (244 b 7) ; une ingratitude d'autant plus grave qu'elle s'accompagne de jalousie et d'envie.

Là encore, c'est l'histoire relatée dans le *Ménexène* qui contrarie les objectifs et les leçons de l'oraison traditionnelle. Et qui les contrarie afin d'en faire la critique politique, en dénonçant la fausseté de la mémoire dont s'autorise la démocratie impérialiste. En le rapportant aussi bien à l'*Oraison funèbre* qu'au discours de Périclès, on peut distinguer dans le *Ménexène* trois arguments critiques majeurs. Chacun d'eux met en cause un aspect de la représentation démocratique d'Athènes, et le fait en s'appuyant sur un événement ou un épisode historique passé.

En premier lieu, le *Ménexène* considère l'histoire d'Athènes depuis Marathon comme le périple d'une cité seule, d'abord unie et bientôt divisée. Les oraisons présentent toujours Athènes comme une cité une et parfaitement homogène ; le caractère de ses citoyens y est unique et commun, et l'excellence athénienne est d'autant plus continue qu'elle est singulière. La cité et ses citoyens, indistinctement, possèdent des qualités qui leur sont propres, et qu'ils conservent toujours[27]. C'est la constitution qui donne à la cité son unité, et qui se confond à la vertu des citoyens : elle est une démocratie, et ceux-ci sont des hommes libres[28]. L'unité démocratique repose sur l'isonomie et la communauté des intérêts[29]. Et c'est encore cette libre communauté qui justifie, dans le péril, la bravoure athénienne. L'oraison

27. Le mythe autochtone a cette particularité, quand il est employé afin de confondre l'isogonie et l'isonomie, de fonder *en nature* l'excellence politique athénienne.

28. Thc., II, 37, 1-2 ; *Oraison funèbre*, 18.

29. Thc., II, 40, 5 ; *Oraison funèbre*, 18.

représente donc la cité unie et égale, sans jamais confondre son sort à celui des autres cités grecques, confédérées ou alliées. Il convient de remarquer que le sort des Grecs n'est jamais confondu entièrement avec celui d'Athènes et que cette dernière, au sein même des ligues et des alliances, conserve toujours son statut hégémonique (elle est alors le héros de la Grèce, et même, comme le disent ensemble Périclès et Lysias, son « modèle »). Athènes conserve toujours sa particularité exceptionnelle, quel que soit l'ennemi qu'elle affronte (barbare ou grec). Le *Ménexène* montre, au prix à son tour d'un paradoxe si forcé qu'il en devient comique, que la cité n'a jamais connu de défaite (sinon du fait de ses propres dissensions : « c'est nous-mêmes qui avons remporté sur nous la victoire », 243 d 6-7). Mais ce paradoxe, qui transforme en guerre civile tous les conflits militaires, oblige l'oraison à reconnaître la discorde qui trouble peu à peu la cité[30]. C'est là sans doute la critique majeure adressée par le pastiche platonicien à l'histoire de la démocratie grecque : l'unité de la cité soumise à une constitution démocratique est une illusion que contredisent les conflits athéniens passés et présents.

En second lieu, le *Ménexène* accuse donc ces dissensions politiques en des termes psychologiques et éthiques qui mettent cette fois en doute la valeur des citoyens et la grandeur du caractère athénien. La critique est tributaire de la précédente, puisqu'elle montre de nouveau comment les intérêts, loin d'être communs et partagés, s'opposent et engendrent toutes les formes possibles de discorde. Elle est aussi originale, puisqu'elle met l'accent sur des traits de caractère individuels et passionnels (jalousie[31], rivalité, ressentiment, envie).

---

30. Comme nous l'avons constaté, *supra*, en comparant le *Ménexène* à l'*Oraison funèbre*.

31. La jalousie est l'objet d'une étude très complète de L. Brisson, « La notion de *phthonos* chez Platon », *Recherches sur la philosophie et le langage*, 18, 1996, p. 41-59. Le *Ménexène* y est évoqué, et

Thucydide et l'auteur de l'*Oraison funèbre* associent l'hégémonie athénienne à la liberté démocratique, au prix d'une distinction tranchée entre les occupations particulières des citoyens et leur participation aux charges publiques[32]. La particularité du régime démocratique réside à leurs yeux dans la parfaite convenance de ces deux formes d'activité, assurée par le respect de la loi[33]. L'identité des caractères ou sentiments individuels et de la valeur de la cité dépend ainsi de deux conditions : le respect de la loi et le courage guerrier (qu'il s'agisse de l'*aretê* en général, ou de l'expression plus particulière de la virilité guerrière, l'*andréia*[34]). Le *Ménexène* reprend chacun des termes de cette comparaison, en leur faisant subir un même déplacement. Avant d'évoquer le souvenir des guerres Médiques, Socrate remarque que « nous et les nôtres, tous frères nés d'une même mère, nous ne nous considérons pas comme les esclaves ni comme les maîtres les uns des autres, mais l'égalité d'origine (isogonie), selon la nature, nous oblige à rechercher l'égalité politique (isonomie), selon la loi, et à ne nous soumettre à rien d'autre qu'à ce que l'on croit être la vertu et la sagesse » (239 a 1-5). L'isogonie sera, dans la *République*, qualifiée de *mensonge* strictement politique, destiné à favoriser la communauté des gardiens en leur faisant croire qu'ils sont tous nés de la terre comme de la même terre (III, 414 d-415 d). C'est sur cette fiction que la démocratie fonde l'isonomie; et elle le fait,

---

L. Brisson montre comment la jalousie, forme psychologique hybride de plaisir et de peine, possède pour particularité de pouvoir engendrer l'ignorance et la tyrannie (qui en est la conséquence politique). Elle peut être tenue ainsi pour « le moteur de l'histoire dans ce qu'elle a de plus sombre : guerre entre États, guerre civile, meurtre, violence, vols et conflits de toutes sortes ».

32. Périclès insiste souvent sur la liberté privée, domestique, des citoyens (notamment en 37, 2; 40, 2; 41,1).

33. Respect indissociable de l'isonomie ; voir Thc., II, 37, et *Oraison funèbre*, 19.

34. Voir notamment Thc., II, 39 et 42 ; *Oraison funèbre*, 20.

insiste Socrate, en donnant le pouvoir à celui ou à ceux que l'on juge vertueux et sages, qui paraissent tels. Quelques lignes auparavant, Socrate définissait ainsi le régime démocratique : « Il n'y a qu'une règle : celui qui paraît sage et bon exerce l'autorité et le pouvoir » (238 d 7-8). Cette définition est affectée de deux contradictions qui sont les effets de la critique platonicienne. La première tient donc au fondement légendaire de la loi, qui dérive l'égalité politique de l'isogonie mythique (et mensongère). La seconde tient à l'institution même de l'isonomie politique, en aucun cas assurée par la constitution démocratique, qui n'est en réalité que « le gouvernement de l'élite avec l'approbation de la foule » (*esti têi alêtheiai met'eudoxias plêtous aristokratia,* 238 d 1-2)[35]. Cette constitution hybride, d'emblée contraire à son origine fabulée, repose donc sur une renommée qui va bientôt contrarier l'isonomie, puisque la foule *donne* les charges et le pouvoir à ceux qui lui paraissent être les meilleurs (238 d 4-5). Le *Ménexène* suggère ainsi, en insistant toujours sur le fait que la vertu des gouvernements n'est fondée que sur l'opinion de la foule, que l'isonomie est contredite par l'exercice du pouvoir ; comme si, entre l'aristocratie et la démocratie, Athènes s'interdisait de choisir. Si la critique s'adresse à la représentation une et égale que donne l'oraison de la cité, elle ne fait finalement que reprendre le diagnostic contraire, celui du *Discours olympique* de Lysias, on l'a vu, mais déjà et surtout celui de Périclès, dont les discours sont bien loin d'attester toujours de l'égalité politique ou de l'exercice commun du pouvoir. Au livre II de l'*Histoire de la guerre du Péloponnèse*, Périclès répond au mécontentement athénien (les défaites successives et

---

35. Sur la notion d'isonomie, son statut dans l'idéologie démocratique et ses différentes acceptions platoniciennes, voir G. Vlastos, «Isonomia», *American Journal of Philology*, 64, 1953, p. 337-366 (repris dans les *Platonic Studies*, Princeton, 1981², p. 164-203) ; et H. Joly, *Le Renversement platonicien*, IV, II, 3, p. 312 sq.

l'épidémie de peste en sont la cause) et s'efforce de justifier la poursuite de la guerre. Il rappelle d'abord que la force de la cité et du gouvernement sont les conditions de la sauvegarde des intérêts particuliers (II, 60), puis vante, comme la preuve de cette force, la puissance militaire athénienne (II, 62). C'est au développement de cette puissance et à la conservation de l'empire qu'il entend consacrer son autorité (II, 63-64). Comme l'explique Thucydide, qui oppose la modération de Périclès à l'inconséquence des décisions athéniennes par la suite, le pouvoir n'était pas alors entre les mains de la foule, et Périclès, « au lieu de se laisser diriger par elle, la dirigeait » (II, 65, 8); et l'historien doit alors faire cette précision constitutionnelle : « Sous le nom de démocratie, c'était en fait le premier citoyen qui gouvernait » (II, 65, 9)[36]. La définition du régime n'est donc plus celle de l'oraison, puisqu'elle reconnaît désormais que l'exercice du pouvoir n'est pas commun, mais qu'il distingue au contraire dans la cité des gouvernants et des gouvernés. Et c'est précisément ce que rappelait le *Ménexène*, en montrant comment la constitution athénienne était un mixte indécis, ferment de discordes et de dissensions. Ainsi, l'unité de la cité n'est pas même reconnue par ses gouvernants, en dépit de la propagande démocratique. Du point de vue qui sera celui de l'analyse de la *République*, la démocratie reste donc le gouvernement de l'opinion, c'est-à-dire du pouvoir que la foule abandonne à celui qui lui paraît le plus digne de l'exercer[37].

36. Partisan «modéré» de la démocratie, Thucydide distingue deux époques et deux perspectives que Platon cherchera à confondre : la responsabilité de Périclès et celle des Athéniens, aux yeux de l'historien, ne sont pas identiques. Périclès, dit-il, prônait une politique défensive de conservation de l'empire à laquelle les Athéniens ne surent se tenir. Platon tient au contraire pour indissociables la corruption démocratique de la cité (dont Périclès est l'un des principaux responsables) et l'impérialisme belliqueux.

37. Le règne politique de l'opinion, de la vertu apparente ou consentie des gouvernants, est dénoncé dans le *Gorgias* et dans la

En troisième et dernier lieu, le pastiche platonicien met donc l'accent sur la puissance maritime athénienne. L'hégémonie maritime est la condition, reconnue et justifiée par les démocrates, de l'empire athénien. Le rêve insulaire que Périclès souhaitait faire partager à ses concitoyens trouve dans l'oraison son pendant guerrier et impérialiste[38]. La puissance athénienne reste pour l'oraison démocratique synonyme d'un empire auquel Lysias n'a toujours pas renoncé lorsqu'il prononce le *Discours olympique*, après la paix d'Antalcidas. Le *Ménexène* associe la croissance de la flotte et le développement des conflits maritimes à l'isolement d'Athènes, de sorte que la critique regroupe comme des événements contemporains l'altération progressive de la cité, le progrès de la dissension, et le développement des conflits sur mer.

République comme celui de la démagogie et de l'ignorance. Les critiques platoniciennes les plus explicites et les plus sévères se trouvent en *Gorgias*, 502 sq., et en *République*, VIII, 557 a sq. Mais le *Ménexène*, comme la *République* bientôt, dénonce surtout des contradictions politiques. C'est là le premier indice de ce que Platon ne se contente pas de rejeter, au nom d'une très hypothétique appartenance au milieu conservateur pro-spartiate, la démocratie comme un mauvais régime. Au contraire, et la nuance nous paraît déterminante, c'est *au nom de la constitution démocratique* que Platon dénonce l'exercice inégal du pouvoir. Ce n'est jamais le peuple qui se trouve condamné, mais plutôt la manière dont la persuasion démagogique s'appuie sur son ignorance pour gouverner impunément. Ce que dénonce Platon, encore une fois, ce sont les factions dans la cité, quand la politique doit produire au contraire son unité ; et, de ce point de vue, l'idéologie conservatrice est également condamnable, puisqu'elle réclame le pouvoir pour les hommes bien nés *contre* la domination de la foule ignorante. C'est l'idée même qu'il puisse exister dans la cité des intérêts politiques distincts et opposés que Platon entend réfuter.

38. Thc., II, 36, 63-65 (l'empire) ; II, 39 (la cité ouverte et la flotte).

5. Le *Ménexène*, pamphlet politique

Le pastiche de l'oraison funèbre consiste bien en une critique de la démocratie athénienne. Avec cette particularité remarquable que le procès en est fait, non seulement sous la forme oratoire de la propagande démocratique, mais aussi et surtout à l'aide du témoignage historique que cette propagande mettait à son service. Au prix des quelques modifications et glissements que nous avons relevés, Platon utilise donc le récit historique afin d'accuser le déclin de l'empire maritime et de la cité gagnée par la dissension. Cette histoire politique est aussi celle dont le récit atlante fera une partie de son matériau et de sa critique, trente ans plus tard[39]. Il s'agira alors et encore de représenter le devenir désastreux de la thalassocratie.

Dans les discours politiques du IVe siècle, le recours au matériau historique va croissant. C'est le trait majeur de la propagande démocratique ou modérée, qui a pour contexte la ruine d'Athènes et la fin de l'hégémonie (en 386, Athènes n'est plus qu'une cité parmi d'autres, dans le jeu des conflits et des alliances), que de chercher dans le souvenir du passé le témoignage d'une grandeur perdue. La plaisanterie (236 c 9) en quoi consiste l'oraison de Socrate met en cause ce témoignage, en montrant que les premiers exploits athéniens étaient ceux d'une cité aujourd'hui disparue. Ce que le pastiche condamne alors, et dont la *République* traitera, c'est la constitution démocratique elle-même.

L'intervention platonicienne dans le débat idéologique et politique emprunte ainsi deux voies et rencontre deux traditions. Celle, analytique et scientifique, de l'enquête sur la *politeía* ; puis celle, pamphlétaire, de la

---

39. À supposer, comme c'est le plus probable, que le *Timée* et le *Critias* aient été rédigés aux alentours de l'année 355.

polémique poursuivie contre la propagande démocratique (et ses hérauts orateurs). La première sera celle de la *République* puis du *Politique* et des *Lois*, quand la seconde, dont on peut supposer qu'elle correspondait davantage à des prises de position factuelles et à des enjeux d'actualité, est celle du *Gorgias* et du *Ménexène*, puis, plus tard, du *Critias*[40].

40. Voyez, dans la même collection (1997, n°8), la présentation et la traduction du *Critias*.

MÉNEXÈNE

ΜΕΝΕΞΕΝΟΣ

[ἢ ἐπιτάφιος· ἠθικός.]

ΣΩΚΡΑΤΗΣ ΜΕΝΕΞΕΝΟΣ

ΣΩ. Ἐξ ἀγορᾶς ἢ πόθεν Μενέξενος ;

ΜΕΝ. Ἐξ ἀγορᾶς, ὦ Σώκρατες, καὶ ἀπὸ τοῦ βουλευτηρίου.

ΣΩ. Τί μάλιστα σοὶ πρὸς βουλευτήριον ; ἢ δῆλα δὴ ὅτι παιδεύσεως καὶ φιλοσοφίας ἐπὶ τέλει ἡγεῖ εἶναι, καὶ ὡς ἱκανῶς ἤδη ἔχων ἐπὶ τὰ μείζω ἐπινοεῖς τρέπεσθαι, καὶ ἄρχειν ἡμῶν, ὦ θαυμάσιε, ἐπιχειρεῖς τῶν πρεσβυτέρων τηλικοῦτος ὤν, ἵνα μὴ ἐκλίπῃ ὑμῶν ἡ οἰκία ἀεί τινα ἡμῶν **b** ἐπιμελητὴν παρεχομένη ;

ΜΕΝ. Ἐὰν σύ. γε, ὦ Σώκρατες, ἐᾷς καὶ συμβουλεύῃς ἄρχειν, προθυμήσομαι· εἰ δὲ μή, οὔ. Νῦν μέντοι ἀφικόμην πρὸς τὸ βουλευτήριον πυθόμενος ὅτι ἡ βουλὴ μέλλει αἱρεῖσθαι ὅστις ἐρεῖ ἐπὶ τοῖς ἀποθανοῦσιν· ταφὰς γὰρ οἶσθ' ὅτι μέλλουσι ποιεῖν.

ΣΩ. Πάνυ γε· ἀλλὰ τίνα εἵλοντο ;

ΜΕΝ. Οὐδένα, ἀλλὰ ἀνεβάλοντο εἰς τὴν αὔριον. Οἶμαι μέντοι Ἀρχῖνον ἢ Δίωνα αἱρεθήσεσθαι.

---

1. Le conseil de la *Boulê*, qui se réunissait dans le Bouleutêrion du sud de l'agora, était, avec l'Ecclêsia, la principale institution de la démocratie athénienne. Cinq cents membres bouleutes y étaient réunis pour siéger durant une année, afin de diriger la plupart des affaires (civiles, financières, militaires et religieuses) de la cité. Voyez, par exemple, Cl. Mossé, *Les Institutions grecques*, Paris, 1991⁴.

MÉNEXÈNE

[ou Oraison *funèbre*, genre moral.]

SOCRATE   MÉNEXÈNE

SOCRATE. — D'où vient Ménexène ? De l'agora ?   234 a

MÉNEXÈNE. — De l'agora, Socrate, et de la salle du Conseil[1].

SOCRATE. — Qu'as-tu à faire au juste avec la salle du Conseil ? Évidemment tu te crois parvenu au terme de l'éducation et de la haute culture ; et, persuadé que tu en es désormais capable, tu songes à te tourner vers les occupations supérieures ; tu entreprends, homme admirable, de nous gouverner, nous tes aînés, malgré ton âge, b pour que votre maison ne cesse de donner en toute occasion un gardien à nos intérêts ?

MÉNEXÈNE. — Avec ta permission et ton conseil, Socrate, exercer le pouvoir sera mon ambition ; autrement, non. Mais si je suis allé aujourd'hui à la salle du Conseil, c'était sur la nouvelle que les Conseillers s'apprêtaient à choisir l'orateur du discours funèbre ; car ils vont, tu le sais, organiser des funérailles.

SOCRATE. — Parfaitement. Mais qui a-t-on choisi ?

MÉNEXÈNE. — Personne ; on a remis l'affaire à demain. Je crois pourtant que le choix se portera sur Archinos ou Dion[2].

---

2. On sait peu de choses de ces deux candidats. Archinos fut sans doute l'auteur d'une oraison funèbre et il contribua aux côtés de Thrasybule au rétablissement de la démocratie en 403. Quant à Dion, il peut s'agir du député athénien qui conduisit des négociations auprès des Perses en 392, afin qu'Athènes conserve les trois îles de Lemnos, Imbros et Scyros (voyez Xénophon, *Helléniques*, IV, 8, 13).

ΣΩ. Καὶ μήν, ὦ Μενέξενε, πολλαχῇ κινδυνεύει καλὸν c
εἶναι τὸ ἐν πολέμῳ ἀποθνήσκειν. Καὶ γὰρ ταφῆς καλῆς τε
καὶ μεγαλοπρεποῦς τυγχάνει, καὶ ἐὰν πένης τις ὢν τελευ-
τήσῃ, καὶ ἐπαίνου αὖ ἔτυχεν, καὶ ἐὰν φαῦλος ᾖ, ὑπ' ἀνδρῶν
σοφῶν τε καὶ οὐκ εἰκῇ ἐπαινούντων, ἀλλὰ ἐκ πολλοῦ χρό-
νου λόγους παρεσκευασμένων, οἳ οὕτως καλῶς ἐπαινοῦσιν
ὥστε καὶ τὰ προσόντα καὶ τὰ μὴ περὶ ἑκάστου λέγοντες, 235 a
κάλλιστά πως τοῖς ὀνόμασι ποικίλλοντες, γοητεύουσιν ἡμῶν
τὰς ψυχάς, καὶ τὴν πόλιν ἐγκωμιάζοντες κατὰ πάντας
τρόπους καὶ τοὺς τετελευτηκότας ἐν τῷ πολέμῳ καὶ τοὺς
προγόνους ἡμῶν ἅπαντας τοὺς ἔμπροσθεν καὶ αὐτοὺς ἡμᾶς
τοὺς ἔτι ζῶντας ἐπαινοῦντες, ὥστ' ἔγωγε, ὦ Μενέξενε,
γενναίως πάνυ διατίθεμαι ἐπαινούμενος ὑπ' αὐτῶν, καὶ
ἑκάστοτε ἕστηκα ἀκροώμενος καὶ κηλούμενος, ἡγούμενος ἐν b
τῷ παραχρῆμα μείζων καὶ γενναιότερος καὶ καλλίων γεγο-
νέναι. Καὶ οἷα δὴ τὰ πολλὰ ἀεὶ μετ' ἐμοῦ ξένοι τινὲς
ἕπονται καὶ ξυνακροῶνται πρὸς οὓς ἐγὼ σεμνότερος ἐν τῷ
παραχρῆμα γίγνομαι· καὶ γὰρ ἐκεῖνοι ταὐτὰ ταῦτα δοκοῦσί
μοι πάσχειν καὶ πρὸς ἐμὲ καὶ πρὸς τὴν ἄλλην πόλιν, θαυ-
μασιωτέραν αὐτὴν ἡγεῖσθαι εἶναι ἢ πρότερον, ὑπὸ τοῦ
λέγοντος ἀναπειθόμενοι. Καί μοι αὕτη ἡ σεμνότης παρα-
μένει ἡμέρας πλείω ἢ τρεῖς· οὕτως ἔναυλος ὁ λόγος τε καὶ c
ὁ φθόγγος παρὰ τοῦ λέγοντος ἐνδύεται εἰς τὰ ὦτα, ὥστε
μόγις τετάρτῃ ἢ πέμπτῃ ἡμέρᾳ ἀναμιμνήσκομαι ἐμαυτοῦ
καὶ αἰσθάνομαι οὗ γῆς εἰμι, τέως δὲ οἶμαι μόνον οὐκ ἐν

---

3. *Pleiô*, leçon des mss., est exceptionnel en pareil cas pour *pléon*.
[Note de Louis Méridier à l'édition de la C.U.F. ; dorénavant, quand
nous reproduirons certaines de ses notes, nous les ferons suivre de la
mention *L. M.*]

Prestige de l'oraison funèbre

SOCRATE. — Ma foi ! Ménexène, il paraît y avoir c
bien des avantages à mourir à la guerre. On obtient une
belle et magnifique sépulture, même si l'on a fini ses
jours dans la pauvreté ; et des éloges, même si l'on est
sans valeur, vous sont donnés en outre par de doctes per-
sonnages, qui louent non pas à l'aventure, mais dans des
discours préparés de longue main. Leurs louanges sont
si belles qu'à citer sur chacun les qualités qui lui appar-   235 a
tiennent et celles qui lui sont étrangères, avec la parure
d'un magnifique langage, ils ensorcellent nos âmes. Ils
célèbrent la cité de toutes les manières ; les morts de la
guerre, tous les ancêtres qui nous ont précédés, et nous-
mêmes encore vivants, nous sommes glorifiés par eux
de telle sorte que, pour ma part, Ménexène, je me sens,
devant leurs éloges, les dispositions les plus nobles ;
chaque fois, je reste là sous le charme à les écouter, me   b
figurant instantanément être devenu plus grand, plus
noble et plus beau. Et, suivant mon habitude, je suis toujours accompagné d'étrangers, qui écoutent le discours
avec moi ; à leurs yeux j'acquiers sur-le-champ plus de
dignité. Car ils me paraissent éprouver ces mêmes
impressions envers moi comme envers le reste de la
cité ; ils la jugent plus admirable qu'auparavant, à la
parole persuasive de l'orateur. Et moi, je conserve cette
dignité plus de trois jours[3] : les paroles et le ton[4] de   c
l'orateur pénètrent dans mon oreille avec une telle réso-
nance[5] que c'est à peine si le quatrième ou le cinquième
jour je reviens à moi et prends conscience de l'endroit

---

4. *Ho logos* : les mots ; *ho phthongos* : le son de la voix. *L. M.*
5. *Enaulo*s se dit d'un langage qui frappe les oreilles comme les
sons de la flûte, et aussi d'une chose dont le souvenir est encore récent.
Cf. Eschine, *Contre Ctésiphon*, 62 ; Platon, *Criton*, 54 d ; *Lois*, 678 b.
L. M.

μακάρων νήσοις οἰκεῖν· οὕτως ἡμῖν οἱ ῥήτορες δεξιοί εἰσιν.

ΜΕΝ. Ἀεὶ σὺ προσπαίζεις, ὦ Σώκρατες, τοὺς ῥήτορας. Νῦν μέντοι οἶμαι ἐγὼ τὸν αἱρεθέντα οὐ πάνυ εὐπορήσειν· ἐξ ὑπογύου γὰρ παντάπασιν ἡ αἵρεσις γέγονεν, ὥστε ἴσως ἀναγκασθήσεται ὁ λέγων ὥσπερ αὐτοσχεδιάζειν.

ΣΩ. Πόθεν, ὦγαθέ ; εἰσὶν ἑκάστοις τούτων λόγοι παρε- d σκευασμένοι, καὶ ἅμα οὐδὲ αὐτοσχεδιάζειν τά γε τοιαῦτα χαλεπόν. Εἰ μὲν γὰρ δέοι Ἀθηναίους ἐν Πελοποννησίοις εὖ λέγειν ἢ Πελοποννησίους ἐν Ἀθηναίοις, ἀγαθοῦ ἂν ῥήτορος δέοι τοῦ πείσοντος καὶ εὐδοκιμήσοντος· ὅταν δέ τις ἐν τούτοις ἀγωνίζηται οὕσπερ καὶ ἐπαινεῖ, οὐδὲν μέγα δοκεῖν εὖ λέγειν.

ΜΕΝ. Οὐκ οἴει, ὦ Σώκρατες ;

ΣΩ. Οὐ μέντοι μὰ Δία.

ΜΕΝ. Ἦ οἴει οἷός τ᾽ ἂν εἶναι αὐτὸς εἰπεῖν, εἰ δέοι καὶ e ἕλοιτό σε ἡ βουλή ;

ΣΩ. Καὶ ἐμοὶ μέν γε, ὦ Μενέξενε, οὐδὲν θαυμαστὸν οἵῳ τ᾽ εἶναι εἰπεῖν, ᾧ τυγχάνει διδάσκαλος οὖσα οὐ πάνυ φαύλη περὶ ῥητορικῆς, ἀλλ᾽ ἥπερ καὶ ἄλλους πολλοὺς καὶ ἀγαθοὺς πεποίηκε ῥήτορας, ἕνα δὲ καὶ διαφέροντα τῶν Ἑλλήνων, Περικλέα τὸν Ξανθίππου.

ΜΕΝ. Τίς αὕτη ; ἢ δῆλον ὅτι Ἀσπασίαν λέγεις ;

où je suis ; jusque-là, peu s'en faut que je ne croie habiter les îles des Bienheureux ; tant nos orateurs sont habiles !

MÉNEXÈNE. — Tu ne perds aucune occasion, Socrate, de plaisanter les orateurs. Mais aujourd'hui, à mon avis, le personnage désigné aura fort peu de matière ; c'est tout soudainement que le choix a été décidé, si bien que l'orateur sera probablement réduit à une espèce d'improvisation.

Facilité du genre

SOCRATE. — Comment cela, mon bon ? Chacun de $_d$ ces gens-là a des discours tout prêts, et d'ailleurs l'improvisation elle-même, en pareille matière, n'a rien de difficile. S'il s'agissait de louer des Athéniens devant des gens du Péloponnèse, ou des Péloponnésiens devant des gens d'Athènes, il faudrait un bon orateur pour persuader l'auditoire et obtenir du renom. Mais quand on entre en lice devant ceux-là mêmes dont on fait l'éloge, il n'est point malaisé de passer pour un bon orateur.

MÉNEXÈNE. — Tu ne le crois pas, Socrate ?

SOCRATE. — Certes non, par Zeus !

MÉNEXÈNE. — Te croirais-tu capable de prendre toi-$_e$ même la parole, s'il le fallait et que tu fusses choisi par le Conseil ?

SOCRATE. — Moi aussi, bien sûr, Ménexène, il ne serait point surprenant que je fusse en état de parler. J'ai la chance d'avoir pour maître une femme des plus distinguées dans l'art oratoire. Entre beaucoup de bons orateurs qu'elle a formés, il y en a même un qui est le premier de la Grèce, Périclès, fils de Xanthippe.

MÉNEXÈNE. — Qui est-ce ? À coup sûr, c'est Aspasie que tu veux dire[6] ?

---

6. Sur Aspasie, voir la note A en fin de volume.

ΣΩ. Λέγω γάρ, καὶ Κόννον γε τὸν Μητροβίου· οὗτοι γάρ μοι δύο εἰσὶν διδάσκαλοι, ὁ μὲν μουσικῆς, ἡ δὲ ῥητορικῆς. 236 a Οὕτω μὲν οὖν τρεφόμενον ἄνδρα οὐδὲν θαυμαστὸν δεινὸν εἶναι λέγειν· ἀλλὰ καὶ ὅστις ἐμοῦ κάκιον ἐπαιδεύθη, μουσικὴν μὲν ὑπὸ Λάμπρου παιδευθείς, ῥητορικὴν δὲ ὑπ᾽ Ἀντιφῶντος τοῦ Ῥαμνουσίου, ὅμως κἂν οὗτος οἷός τ᾽ εἴη Ἀθηναίους γε ἐν Ἀθηναίοις ἐπαινῶν εὐδοκιμεῖν.

ΜΕΝ. Καὶ τί ἂν ἔχοις εἰπεῖν, εἰ δέοι σε λέγειν ;

ΣΩ. Αὐτὸς μὲν παρ᾽ ἐμαυτοῦ ἴσως οὐδέν, Ἀσπασίας δὲ καὶ χθὲς ἠκροώμην περαινούσης ἐπιτάφιον λόγον περὶ b αὐτῶν τούτων. Ἤκουσε γὰρ ἅπερ σὺ λέγεις, ὅτι μέλλοιεν Ἀθηναῖοι αἱρεῖσθαι τὸν ἐροῦντα· ἔπειτα τὰ μὲν ἐκ τοῦ παραχρῆμά μοι διῄει, οἷα δέοι λέγειν, τὰ δὲ πρότερον ἐσκεμμένη, ὅτε μοι δοκεῖ συνετίθει τὸν ἐπιτάφιον λόγον ὃν Περικλῆς εἶπεν, περιλείμματ᾽ ἄττα ἐξ ἐκείνου συγκολλῶσα.

ΜΕΝ. Ἦ καὶ μνημονεύσαις ἂν ἃ ἔλεγεν ἡ Ἀσπασία ;

ΣΩ. Εἰ μὴ ἀδικῶ γε· ἐμάνθανόν γέ τοι παρ᾽ αὐτῆς, καὶ ὀλίγου πληγὰς ἔλαβον ὅτι ἐπελανθανόμην. c

ΜΕΝ. Τί οὖν οὐ διῆλθες ;

7. Connos, fils du cithariste Métrobios, est parfois identifié au fameux musicien Connas, moqué par les comiques Phrynicos, Ameispas et Aristophane (*Cavaliers*, 584). Platon le présente encore dans l'*Euthydème*, 272 b-c, comme maître de musique de Socrate.

8. Lampros, lui aussi maître de musique, fut selon la tradition le maître de Sophocle.

9. Antiphon de Rhamnonte (c. 480 - c. 410), orateur et logographe athénien, est connu à la fois pour son engagement politique aux côtés des Quatre cents (Thucydide fait son éloge en VIII, 68, 1) et pour ses

Aspasie, professeur d'éloquence

SOCRATE. — C'est elle, en effet ; ajoute Connos, fils de Métrobios[7] : voilà mes deux maîtres, l'un de 236 a musique, l'autre d'éloquence. Qu'un homme ainsi dressé soit habile à la parole, rien d'étonnant. Mais n'importe qui, même avec une éducation inférieure à la mienne, formé à la musique par Lampros[8], et à l'éloquence par Antiphon de Rhamnonte[9], serait pourtant capable, lui aussi, en louant des Athéniens à Athènes, d'acquérir du renom.

MÉNEXÈNE. — Et qu'aurais-tu à dire, s'il te fallait parler ?

SOCRATE. — De mon propre fonds, je ne tirerais probablement rien. Mais, pas plus tard qu'hier, j'écoutais b Aspasie faire toute une oraison funèbre sur le même sujet. Elle avait appris, comme tu le dis toi-même, que les Athéniens allaient choisir l'orateur. Là-dessus, elle développa sur-le-champ devant moi une partie de ce qu'il fallait dire ; quant au reste, elle y avait déjà réfléchi, au moment, je suppose, où elle composait l'oraison funèbre prononcée par Périclès, et c'était des rognures de ce discours qu'elle soudait ensemble.

MÉNEXÈNE. — Te rappellerais-tu ce que disait Aspasie ?

SOCRATE. — Autrement, je serais bien coupable ; j'apprenais de sa bouche, et j'ai failli recevoir des coups c parce que j'oubliais.

MÉNEXÈNE. — Qu'attends-tu donc pour l'exposer ?

---

contributions rhétoriques. La question est posée de savoir si cet Antiphon peut être identifié au sophiste athénien du même nom. Si on a eu souvent tendance à les distinguer, B. Cassin défend au contraire leur identité ; voir en dernier lieu « Sophistique », in *Le Savoir grec*, J. Brunschwig et G. Lloyd (éd.), Paris, 1996, p. 1021-1039.

ΣΩ. Ἀλλ' ὅπως μή μοι χαλεπανεῖ ἡ διδάσκαλος, ἂν ἐξενέγκω αὐτῆς τὸν λόγον.

ΜΕΝ. Μηδαμῶς, ὦ Σώκρατες, ἀλλ' εἰπέ, καὶ πάνυ μοι χαριεῖ, εἴτε Ἀσπασίας βούλει λέγειν εἴτε ὁτουοῦν· ἀλλὰ μόνον εἰπέ.

ΣΩ. Ἀλλ' ἴσως μου καταγελάσει, ἄν σοι δόξω πρεσβύτης ὢν ἔτι παίζειν.

ΜΕΝ. Οὐδαμῶς, ὦ Σώκρατες, ἀλλ' εἰπὲ παντὶ τρόπῳ.

ΣΩ. Ἀλλὰ μέντοι σοί γε δεῖ χαρίζεσθαι, ὥστε κἂν ὀλίγου, εἴ με κελεύοις ἀποδύντα ὀρχήσασθαι, χαρισαίμην ἄν, ἐπειδή d γε μόνω ἐσμέν. Ἀλλ' ἄκουε. Ἔλεγε γάρ, ὡς ἐγῷμαι, ἀρξαμένη λέγειν ἀπ' αὐτῶν τῶν τεθνεώτων οὑτωσί.

Ἔργῳ μὲν ἡμῖν οἴδε ἔχουσιν τὰ προσήκοντα σφίσιν αὐτοῖς, ὧν τυχόντες πορεύονται τὴν εἱμαρμένην πορείαν, προπεμφθέντες κοινῇ μὲν ὑπὸ τῆς πόλεως, ἰδίᾳ δὲ ὑπὸ τῶν οἰκείων· λόγῳ δὲ δὴ τὸν λειπόμενον κόσμον ὅ τε νόμος προστάττει ἀποδοῦναι τοῖς ἀνδράσιν καὶ χρή. Ἔργων γὰρ e εὖ πραχθέντων λόγῳ καλῶς ῥηθέντι μνήμη καὶ κόσμος τοῖς πράξασι γίγνεται παρὰ τῶν ἀκουσάντων· δεῖ δὴ τοιούτου τινὸς λόγου ὅστις τοὺς μὲν τετελευτηκότας ἱκανῶς ἐπαινέσεται, τοῖς δὲ ζῶσιν εὐμενῶς παραινέσεται, ἐκγόνοις μὲν καὶ ἀδελφοῖς μιμεῖσθαι τὴν τῶνδε ἀρετὴν παρακελευόμενος, πατέρας δὲ καὶ μητέρας καὶ εἴ τινες τῶν ἄνωθεν ἔτι προγόνων λείπονται, τούτους δὲ παραμυθούμενος. Τίς οὖν ἂν 237 a ἡμῖν τοιοῦτος λόγος φανείη ; ἢ πόθεν ἂν ὀρθῶς ἀρξαίμεθα ἄνδρας ἀγαθοὺς ἐπαινοῦντες, οἳ ζῶντές τε τοὺς ἑαυτῶν

10. Comparer Thc., II, 35, 46, οὺ *ergôi* (les funérailles elles-mêmes) est opposé comme ici à *logôi* (l'oraison funèbre). *L. M.*

11. C'est-à-dire : une obligation morale, un devoir de piété, par opposition au devoir légal (comparer 239 d : *dikaion kai khrê*). Denys d'Halicarnasse remarque avec raison que ce petit mot *(khrê)*, mis à la fin de la phrase, en brise le rythme, mais il ne voit pas que c'est une maladresse voulue par Platon. *L. M.*

SOCRATE. — Prends garde que mon maître ne se fâche contre moi, si je divulgue son discours !

MÉNEXÈNE. — Ne crains rien, Socrate, et parle. Tu me feras le plus grand plaisir, que ce soit d'Aspasie ou de tout autre que tu veuilles rapporter les propos. Parle seulement.

SOCRATE. — Mais peut-être vas-tu rire de moi, si je te parais, vieux comme je suis, m'adonner encore au badinage.

MÉNEXÈNE. — Point du tout, Socrate. Parle, de toute façon.

SOCRATE. — Eh bien, assurément il me faut te com-   d
plaire ; au point que si tu m'invitais à quitter mon man-
teau pour danser, je serais presque disposé à te faire ce plaisir, puisqu'aussi bien nous sommes seuls. Écoute donc. Commençant son discours par les morts eux-mêmes, elle s'exprimait, si je ne me trompe, de la manière suivante :

Le discours d'Aspasie. Exorde

« En ce qui concerne les actes[10], ceux-ci ont reçu les égards qui leur étaient dus, et, après les avoir obtenus, ils font le voyage fatal, accompagnés à la tombe par le cor-tège public de la cité, et par le cortège privé de leurs proches. En ce qui regarde la parole, l'hommage qu'il   e
reste à leur accorder, la loi nous prescrit de le rendre à ces hommes, et c'est un devoir[11]. Les belles actions, en effet, grâce à un beau discours, valent à leurs auteurs le souvenir et l'hommage de l'auditoire. Il faut donc un discours capable de fournir aux morts une glorification suffisante, et aux vivants des recommandations bien-veillantes, en exhortant descendants et frères à imiter la vertu de ces hommes, et aux pères, aux mères, aux   237 a
ascendants plus lointains, s'il en reste encore, en don-nant à ceux-là des consolations. Quel discours découvrir qui ait ce caractère ? Par où commencer dignement l'éloge de braves, qui, vivants, faisaient par leur vertu la

ηὔφραινον δι' ἀρετήν, καὶ τὴν τελευτὴν ἀντὶ τῆς τῶν
ζώντων σωτηρίας ἠλλάξαντο ; δοκεῖ μοι χρῆναι κατὰ
φύσιν, ὥσπερ ἀγαθοὶ ἐγένοντο, οὕτω καὶ ἐπαινεῖν αὐτούς.
Ἀγαθοὶ δὲ ἐγένοντο διὰ τὸ φῦναι ἐξ ἀγαθῶν. Τὴν εὐγέ-
νειαν οὖν πρῶτον αὐτῶν ἐγκωμιάζωμεν, δεύτερον δὲ τροφήν
τε καὶ παιδείαν· ἐπὶ δὲ τούτοις τὴν τῶν ἔργων πρᾶξιν b
ἐπιδείξωμεν, ὡς καλὴν καὶ ἀξίαν τούτων ἀπεφήναντο.

Τῆς δ' εὐγενείας πρῶτον ὑπῆρξε τοῖσδε ἡ τῶν προγόνων
γένεσις οὐκ ἔπηλυς οὖσα, οὐδὲ τοὺς ἐκγόνους τούτους
ἀποφηναμένη μετοικοῦντας ἐν τῇ χώρᾳ ἄλλοθεν σφῶν
ἡκόντων, ἀλλ' αὐτόχθονας καὶ τῷ ὄντι ἐν πατρίδι οἰκοῦντας
καὶ ζῶντας, καὶ τρεφομένους οὐχ ὑπὸ μητρυιᾶς ὡς οἱ ἄλλοι,
ἀλλ' ὑπὸ μητρὸς τῆς χώρας ἐν ᾗ ᾤκουν, καὶ νῦν κεῖσθαι c
τελευτήσαντας ἐν οἰκείοις τόποις τῆς τεκούσης καὶ θρεψά-
σης καὶ ὑποδεξαμένης. Δικαιότατον δὴ κοσμῆσαι πρῶτον
τὴν μητέρα αὐτήν· οὕτω γὰρ συμβαίνει ἅμα καὶ ἡ τῶνδε
εὐγένεια κοσμουμένη.

Ἔστι δὲ ἀξία ἡ χώρα καὶ ὑπὸ πάντων ἀνθρώπων ἐπαινεῖσθαι, οὐ μόνον ὑφ' ἡμῶν, πολλαχῇ μὲν καὶ ἄλλῃ, πρῶτον
δὲ καὶ μέγιστον ὅτι τυγχάνει οὖσα θεοφιλής. Μαρτυρεῖ δὲ
ἡμῶν τῷ λόγῳ ἡ τῶν ἀμφισβητησάντων περὶ αὐτῆς θεῶν
ἔρις τε καὶ κρίσις· ἣν δὴ θεοὶ ἐπήνεσαν, πῶς οὐχ ὑπ' d
ἀνθρώπων γε ξυμπάντων δικαία ἐπαινεῖσθαι ; δεύτερος δὲ

12. Le mythe de l'autochtonie, c'est-à-dire la justification d'une
citoyenneté originelle et *naturelle*, est un lieu commun des discours
civiques athéniens. Sur ses différentes figures et ses usages, voir
N. Loraux, *L'Invention d'Athènes*, et, dans *Les Enfants d'Athéna*,
« L'autochtonie : une topique athénienne », p. 35-73 ; voir aussi *Né de
la terre. Mythe et politique à Athènes*, Paris, 1996.

joie des leurs, et qui ont acheté de leur mort le salut des vivants ? Je crois nécessaire de suivre l'ordre de la nature, qui a fait d'eux des gens de cœur, en réglant sur lui mon éloge. Gens de cœur, ils le furent, parce qu'ils avaient pour pères des gens de cœur. Célébrons donc d'abord leur bonne naissance ; en second lieu, la nourriture et l'éducation qu'ils ont reçues. Faisons voir b ensuite l'accomplissement de leurs exploits, en montrant que son éclat fut digne de ces avantages.

L'éloge : glorification de l'Attique

« Cette bonne naissance a eu pour premier fondement l'origine de leurs ancêtres, qui, au lieu d'être des immigrés et de faire de leurs descendants des métèques dans le pays où ils seraient eux-mêmes venus du dehors, étaient des autochtones[12], habitant et vivant vraiment dans leur patrie, nourris, non comme les autres, par une marâtre, mais par la terre maternelle qu'ils habitaient, et c qui ont permis à leurs fils de reposer morts, aujourd'hui, dans les lieux familiers de celle qui les mit au monde, les nourrit et leur offrit son sein. Rien n'est donc plus juste que de rendre un premier hommage à leur mère elle-même : il se trouve en même temps que c'est aussi un hommage rendu à leur bonne naissance.

« Notre pays mérite les louanges de tous les hommes et non pas seulement les nôtres, pour bien des raisons diverses, dont la première et la plus grande est qu'il a la chance d'être aimé des dieux. Notre affirmation est attestée par la querelle et le jugement des divinités qui se d disputèrent pour lui[13]. Ce pays qui a obtenu l'éloge des dieux, comment n'aurait-il pas justement celui de l'hu-

---

13. Platon était hostile à cette représentation anthropomorphique et pourtant traditionnelle selon laquelle les dieux seraient susceptibles de jalousie ou de dispute (cf. la *République*, II, 376 c-383 c, puis le *Critias*, 109 b). La querelle ici évoquée est celle qui opposa Poséidon à Athéna pour la possession de l'Attique.

ἔπαινος δικαίως ἂν αὐτῆς εἴη ὅτι ἐν ἐκείνῳ τῷ χρόνῳ ἐν
ᾧ ἡ πᾶσα γῆ ἀνεδίδου καὶ ἔφυε ζῷα παντοδαπά, θηρία τε
καὶ βοτά, ἐν τούτῳ ἡ ἡμετέρα θηρίων μὲν ἀγρίων ἄγονος
καὶ καθαρὰ ἐφάνη, ἐξελέξατο δὲ τῶν ζῴων καὶ ἐγέννησεν
ἄνθρωπον, ὃ συνέσει τε ὑπερέχει τῶν ἄλλων καὶ δίκην καὶ
θεοὺς μόνον νομίζει. Μέγα δὲ τεκμήριον τούτῳ τῷ λόγῳ
ὅτι ἥδε ἔτεκεν ἡ γῆ τοὺς τῶνδέ τε καὶ ἡμετέρους προγό- θ
νους. Πᾶν γὰρ τὸ τεκὸν τροφὴν ἔχει ἐπιτηδείαν ᾧ ἂν
τέκῃ, ᾧ καὶ γυνὴ δήλη τεκοῦσά τε ἀληθῶς καὶ μή, ἀλλ᾽
ὑποβαλλομένη, ἐὰν μὴ ἔχῃ πηγὰς τροφῆς τῷ γεννωμένῳ.
Ὃ δὴ καὶ ἡ ἡμετέρα γῆ τε καὶ μήτηρ ἱκανὸν τεκμήριον
παρέχεται ὡς ἀνθρώπους γεννησαμένη· μόνη γὰρ ἐν τῷ
τότε καὶ πρώτη τροφὴν ἀνθρωπείαν ἤνεγκεν τὸν τῶν πυρῶν
καὶ κριθῶν καρπόν, ᾧ κάλλιστα καὶ ἄριστα τρέφεται τὸ 238
ἀνθρώπειον γένος, ὡς τῷ ὄντι τοῦτο τὸ ζῷον αὐτὴ γεννη-
σαμένη. Μᾶλλον δὲ ὑπὲρ γῆς ἢ γυναικὸς προσήκει δέχεσθαι
τοιαῦτα τεκμήρια· οὐ γὰρ γῆ γυναῖκα μεμίμηται κυήσει καὶ
γεννήσει, ἀλλὰ γυνὴ γῆν. Τούτου δὲ τοῦ καρποῦ οὐκ
ἐφθόνησεν, ἀλλ᾽ ἔνειμεν καὶ τοῖς ἄλλοις. Μετὰ δὲ τοῦτο
ἐλαίου γένεσιν, πόνων ἀρωγήν, ἀνῆκεν τοῖς ἐκγόνοις·
θρεψαμένη δὲ καὶ αὐξήσασα πρὸς ἥβην ἄρχοντας καὶ b
διδασκάλους αὐτῶν θεοὺς ἐπηγάγετο· ὧν τὰ μὲν ὀνόματα
πρέπει ἐν τῷ τοιῷδε ἐᾶν [— ἴσμεν γάρ —] οἳ τὸν βίον
ἡμῶν κατεσκεύασαν πρός τε τὴν καθ᾽ ἡμέραν δίαιταν,
τέχνας πρώτους παιδευσάμενοι, καὶ πρὸς τὴν ὑπὲρ τῆς
χώρας φυλακὴν ὅπλων κτῆσίν τε καὶ χρῆσιν διδαξάμενοι.

14. Les Olympiens ne doivent pas être nommés dans une cérémonie funèbre *(en tôi toiôide)*. Ismen gar est une glose qui fausse le sens.
L. M.

manité tout entière ? Un second éloge lui serait encore
dû : au temps lointain où toute la terre produisait et faisait croître des êtres de toute sorte, bêtes et plantes, la
nôtre s'est montrée vierge et pure de bêtes sauvages ; et
parmi les êtres vivants elle a choisi pour elle et mis au
monde l'homme, qui par l'intelligence s'élève au-dessus
des autres, et reconnaît seul une justice et des dieux. Une
preuve bien forte vient appuyer la thèse que cette terre a   c
enfanté les ancêtres de ces morts, qui furent aussi les
nôtres. Tout être qui enfante porte en soi la nourriture
appropriée à son enfant, et c'est par où la véritable mère
se distingue clairement de celle qui ne l'est pas : celle-ci
en prend frauduleusement le nom, si elle n'a pas en elle
la source qui doit nourrir l'enfant. Or, celle qui est à la
fois notre terre et notre mère fournit là une preuve déci-
sive qu'elle a donné le jour à des hommes : seule en ce
temps-là, et la première, elle a porté une nourriture faite
pour l'homme, le fruit du blé et de l'orge, qui procure au   238 a
genre humain le plus beau et le meilleur des aliments,
montrant ainsi qu'elle avait vraiment elle-même donné
le jour à cet être. Or c'est pour la terre plus encore que
pour la femme qu'il convient d'accepter pareilles
preuves ; car ce n'est pas la terre qui a imité la femme
dans la conception et l'enfantement, mais la femme qui
a imité la terre. Et ce fruit-là, loin de se le réserver jalou-
sement, elle l'a distribué aux autres. Plus tard, c'est
l'huile, renfort contre les fatigues, qu'elle a fait naître et
produit pour ses fils ; et, après les avoir nourris et élevés   b
jusqu'à la jeunesse, pour leur donner des chefs et des
éducateurs, elle a introduit les dieux chez elle. Leurs
noms doivent être passés sous silence[14] en un pareil
moment [car nous les connaissons] ; ce sont eux qui ont
organisé notre vie en vue de l'existence quotidienne,
nous formant aux arts avant les autres hommes, et, pour
la défense du territoire, nous enseignant l'acquisition et
l'usage des armes.

Γεννηθέντες δὲ καὶ παιδευθέντες οὕτως οἱ τῶνδε πρόγονοι ᾤκουν πολιτείαν κατασκευασάμενοι, ἧς ὀρθῶς ἔχει διὰ βραχέων ἐπιμνησθῆναι. Πολιτεία γὰρ τροφὴ ἀνθρώπων ἐστίν, c καλὴ μὲν ἀγαθῶν, ἡ δὲ ἐναντία κακῶν. Ὡς οὖν ἐν καλῇ πολιτείᾳ ἐτράφησαν οἱ πρόσθεν ἡμῶν, ἀναγκαῖον δηλῶσαι, δι᾽ ἣν δὴ κἀκεῖνοι ἀγαθοὶ καὶ οἱ νῦν εἰσιν, ὧν οἵδε τυγχάνουσιν ὄντες οἱ τετελευτηκότες. Ἡ γὰρ αὐτὴ πολιτεία καὶ τότε ἦν καὶ νῦν, ἀριστοκρατία, ἐν ᾗ νῦν τε πολιτευόμεθα καὶ τὸν ἀεὶ χρόνον ἐξ ἐκείνου ὡς τὰ πολλά. Καλεῖ δὲ ὁ μὲν αὐτὴν δημοκρατίαν, ὁ δὲ ἄλλο, ᾧ ἂν χαίρῃ, ἔστι δὲ τῇ d ἀληθείᾳ μετ᾽ εὐδοξίας πλήθους ἀριστοκρατία. Βασιλῆς μὲν γὰρ ἀεὶ ἡμῖν εἰσιν· οὗτοι δὲ τοτὲ μὲν ἐκ γένους, τοτὲ δὲ αἱρετοί· ἐγκρατὲς δὲ τῆς πόλεως τὰ πολλὰ τὸ πλῆθος, τὰς δὲ ἀρχὰς δίδωσι καὶ κράτος τοῖς ἀεὶ δόξασιν ἀρίστοις εἶναι, καὶ οὔτε ἀσθενείᾳ οὔτε πενίᾳ οὔτ᾽ ἀγνωσίᾳ πατέρων ἀπελήλαται οὐδεὶς οὐδὲ τοῖς ἐναντίοις τετίμηται, ὥσπερ ἐν ἄλλαις πόλεσιν, ἀλλὰ εἷς ὅρος, ὁ δόξας σοφὸς ἢ ἀγαθὸς εἶναι κρατεῖ καὶ ἄρχει. Αἰτία δὲ ἡμῖν τῆς πολιτείας ταύτης ἡ ἐξ e ἴσου γένεσις. Αἱ μὲν γὰρ ἄλλαι πόλεις ἐκ παντοδαπῶν κατεσκευασμέναι ἀνθρώπων εἰσὶ καὶ ἀνωμάλων, ὥστε αὐτῶν ἀνώμαλοι καὶ αἱ πολιτεῖαι, τυραννίδες τε καὶ ὀλιγαρχίαι· οἰκοῦσιν οὖν ἔνιοι μὲν δούλους, οἱ δὲ δεσπότας ἀλλήλους νομίζοντες· ἡμεῖς δὲ καὶ οἱ ἡμέτεροι, μιᾶς μητρὸς πάντες 239 a ἀδελφοὶ φύντες, οὐκ ἀξιοῦμεν δοῦλοι οὐδὲ δεσπόται ἀλλή-

---

15. La proposition est extrêmement polémique, puisque Platon refuse ici toute spécificité historique et politique au régime démocratique, alors même que tous les orateurs athéniens accusaient dans leurs discours le caractère exceptionnel et extraordinaire de la démocratie.

Le régime démocratique

« Avec cette naissance et cette éducation, les ancêtres de ces morts vivaient sous le régime politique qu'ils avaient organisé pour leur usage, et qu'il convient de rappeler brièvement. C'est en effet le régime politique c
qui forme les hommes : de braves gens, s'il est bon, des méchants, s'il est le contraire. Que nos devanciers ont été nourris sous un bon gouvernement, il importe de le montrer : c'est à lui qu'ils ont dû leur vertu, comme les hommes d'aujourd'hui dont font partie les morts ici présents. Car c'était alors le même régime que de nos jours, le gouvernement de l'élite, qui nous régit aujourd'hui, et qui toujours, depuis cette époque lointaine, s'est maintenu la plupart du temps. Celui-ci l'appelle démocratie, d
celui-là de tel autre nom qu'il lui plaît ; mais c'est en réalité le gouvernement de l'élite avec l'approbation de la foule[15]. Des rois, nous en avons toujours : tantôt ils ont tenu ce titre de leur naissance, et tantôt de l'élection ; mais le pouvoir dans la cité appartient pour la plus grande part à la foule ; charges et autorité sont données par elle à ceux qui chaque fois ont paru être les meilleurs. Ni l'infirmité, ni la pauvreté, ni l'obscurité de la naissance ne sont pour personne une cause d'exclusion, non plus que les avantages contraires un titre d'honneur, comme c'est le cas dans d'autres villes. Il n'est qu'une règle : l'homme réputé capable ou honnête a l'autorité et les e
charges ; et la cause de ce régime politique est chez nous l'égalité de naissance. Les autres cités sont constituées par des populations de toute provenance, et formées d'éléments inégaux, d'où résulte chez elles l'inégalité des gouvernements, tyrannies et oligarchies ; les gens y vivent, un petit nombre en regardant le reste comme des esclaves, la plupart en tenant les autres pour des maîtres. Nous et les nôtres, tous frères nés d'une même mère, 239 a
nous ne nous croyons pas les esclaves ni les maîtres les

λων εἶναι, ἀλλ' ἡ ἰσογονία ἡμᾶς ἡ κατὰ φύσιν ἰσονομίαν
ἀναγκάζει ζητεῖν κατὰ νόμον, καὶ μηδενὶ ἄλλῳ ὑπείκειν
ἀλλήλοις ἤ ἀρετῆς δόξῃ καὶ φρονήσεως.

Ὅθεν δὴ ἐν πάσῃ ἐλευθερίᾳ τεθραμμένοι οἱ τῶνδέ τε
πατέρες καὶ ἡμέτεροι καὶ αὐτοὶ οὗτοι, καὶ καλῶς φύντες,
πολλὰ δὴ καὶ καλὰ ἔργα ἀπεφήναντο εἰς πάντας ἀνθρώπους
καὶ ἰδίᾳ καὶ δημοσίᾳ, οἰόμενοι δεῖν ὑπὲρ τῆς ἐλευθερίας καὶ b
Ἕλλησιν ὑπὲρ Ἑλλήνων μάχεσθαι καὶ βαρβάροις ὑπὲρ
ἀπάντων τῶν Ἑλλήνων. Εὐμόλπου μὲν οὖν καὶ Ἀμαζόνων
ἐπιστρατευσάντων ἐπὶ τὴν χώραν καὶ τῶν ἔτι προτέρων ὡς
ἠμύναντο, καὶ ὡς ἤμυναν Ἀργείοις πρὸς Καδμείους καὶ
Ἡρακλείδαις πρὸς Ἀργείους, ὅ τε χρόνος βραχὺς ἀξίως
διηγήσασθαι, ποιηταί τε αὐτῶν ἤδη καλῶς τὴν ἀρετὴν ἐν
μουσικῇ ὑμνήσαντες εἰς πάντας μεμηνύκασιν· ἐὰν οὖν
ἡμεῖς ἐπιχειρῶμεν τὰ αὐτὰ λόγῳ ψιλῷ κοσμεῖν, τάχ' ἂν c
δεύτεροι φαινοίμεθα. Ταῦτα μὲν οὖν διὰ ταῦτα δοκεῖ μοι
ἐᾶν, ἐπειδὴ καὶ ἔχει τὴν ἀξίαν· ὧν δὲ οὔτε ποιητής πω
δόξαν ἀξίαν ἐπ' ἀξίοις λαβὼν ἔχει ἔτι τέ ἐστιν ἐν μνη-
στείᾳ, τούτων πέρι μοι δοκεῖ χρῆναι ἐπιμνησθῆναι ἐπαι-
νοῦντά τε καὶ προμνώμενον ἄλλοις ἐς ᾠδάς τε καὶ τὴν
ἄλλην ποίησιν αὐτὰ θεῖναι πρεπόντως τῶν πραξάντων.

16. Égalité selon la loi *(isonomie)* et selon la naissance *(isogonie)*
sont donc associées. Mais c'est seulement une *réputation* (une opinion) de sagesse et de vertu qui accompagne cette confusion.
Rappelons qu'aux yeux de Platon la sagesse et la vertu sont le seul fondement possible de l'excellence politique ; la démocratie l'ignore, qui
se contente en la matière de faux-semblants.

uns des autres, mais l'égalité d'origine, établie par la nature, nous oblige à rechercher l'égalité politique établie par la loi, et à ne céder le pas les uns aux autres qu'au nom d'un seul droit, la réputation de vertu et de sagesse[16].

Exploits d'Athènes. La puissance perse

« Voilà pourquoi les pères de ces morts, qui sont aussi les nôtres, et ces morts eux-mêmes, nourris dans une entière liberté et doués d'une bonne naissance, ont fait briller aux yeux de tous les hommes, en particulier b comme en public, tant de nobles actions, se croyant tenus de combattre, dans l'intérêt de la liberté, contre les Grecs pour la défense des Grecs et contre les Barbares pour la défense de la Grèce entière. Eumolpe, les Amazones, d'autres encore avant eux, avaient envahi le territoire : comment ils se défendirent, et comment ils défendirent les Argiens contre Thèbes et les Héraclides contre Argos, le temps me manque pour le raconter dignement, et d'ailleurs les poètes ont déjà chanté magnifiquement en vers et signalé leur valeur à tout le monde ; si donc nous entreprenions à notre tour de glo- c rifier en simple prose les mêmes sujets, peut-être paraî- trions-nous n'occuper que le second rang[17]. C'est pour- quoi je me propose de laisser de côté ces exploits, puis- qu'aussi bien ils ont déjà leur récompense ; mais ceux dont un poète n'a pas encore tiré un renom digne d'un si digne sujet, et qui offrent une matière encore vierge, voilà ceux que je crois devoir rappeler, en en faisant l'éloge et en leur servant d'entremetteur auprès d'autres, pour qu'ils les mettent dans des chants et les autres genres de poèmes avec l'éclat convenable aux hommes qui les ont accomplis. Des exploits dont je parle voici les d

17. Sur ces exploits archaïques, voir l'oraison du Pseudo-Lysias, 3-16.

Ἔστιν δὲ τούτων ὧν λέγω πρῶτα· Πέρσας ἡγουμένους τῆς d
Ἀσίας καὶ δουλουμένους τὴν Εὐρώπην ἔσχον οἱ τῆσδε τῆς
χώρας ἔκγονοι, γονῆς δὲ ἡμέτεροι, ὧν καὶ δίκαιον καὶ χρὴ
πρῶτον μεμνημένους ἐπαινέσαι αὐτῶν τὴν ἀρετήν. Δεῖ δὴ
αὐτὴν ἰδεῖν, εἰ μέλλει τις καλῶς ἐπαινεῖν, ἐν ἐκείνῳ τῷ
χρόνῳ γενόμενον λόγῳ, ὅτε πᾶσα μὲν ἡ Ἀσία ἐδούλευε
τρίτῳ ἤδη βασιλεῖ, ὧν ὁ μὲν πρῶτος Κῦρος ἐλευθερώσας
Πέρσας τοὺς αὐτοῦ πολίτας τῷ αὐτοῦ φρονήματι ἅμα καὶ
τοὺς δεσπότας Μήδους ἐδουλώσατο καὶ τῆς ἄλλης Ἀσίας e
μέχρι Αἰγύπτου ἦρξεν, ὁ δὲ ὑὸς Αἰγύπτου τε καὶ Λιβύης
ὅσον οἷόν τ' ἦν ἐπιβαίνειν, τρίτος δὲ Δαρεῖος πεζῇ μὲν
μέχρι Σκυθῶν τὴν ἀρχὴν ὡρίσατο, ναυσὶ δὲ τῆς τε θαλάττης ἐκράτει καὶ τῶν νήσων, ὥστε μηδὲ ἀξιοῦν ἀντίπαλον 240 a
αὐτῷ μηδένα εἶναι· αἱ δὲ γνῶμαι δεδουλωμέναι ἁπάντων
ἀνθρώπων ἦσαν· οὕτω πολλὰ καὶ μεγάλα καὶ μάχιμα γένη
καταδεδουλωμένη ἦν ἡ Περσῶν ἀρχή.

Αἰτιασάμενος δὲ Δαρεῖος ἡμᾶς τε καὶ Ἐρετριᾶς, Σάρ-
δεσιν ἐπιβουλεῦσαι προφασιζόμενος, πέμψας μυριάδας μὲν
πεντήκοντα ἔν τε πλοίοις καὶ ναυσίν, ναῦς δὲ τριακοσίας,
Δᾶτιν δὲ ἄρχοντα, εἶπεν ἥκειν ἄγοντα Ἐρετριᾶς καὶ
Ἀθηναίους, εἰ βούλοιτο τὴν ἑαυτοῦ κεφαλὴν ἔχειν· ὁ δὲ b
πλεύσας εἰς Ἐρέτριαν ἐπ' ἄνδρας οἳ τῶν τότε Ἑλλήνων
ἐν τοῖς εὐδοκιμώτατοι ἦσαν τὰ πρὸς τὸν πόλεμον καὶ οὐκ
ὀλίγοι, τούτους ἐχειρώσατο μὲν ἐν τρισὶν ἡμέραις, διηρευ-
νήσατο δὲ αὐτῶν πᾶσαν τὴν χώραν, ἵνα μηδεὶς ἀποφύγοι,
τοιούτῳ τρόπῳ· ἐπὶ τὰ ὅρια ἐλθόντες τῆς Ἐρετρικῆς οἱ
στρατιῶται αὐτοῦ, ἐκ θαλάττης εἰς θάλατταν διαστάντες,

18. Socrate entame ici le récit des guerres Médiques, qui opposèrent les Grecs aux Perses (490-479), pour faire l'éloge attendu des victoires de Marathon, d'Artémision et de Salamine, puis de Platées. Le
récit le plus complet de ces événements avait été donné par Hérodote,

premiers. Les Perses, maîtres de l'Asie et en train d'asservir l'Europe, furent arrêtés par les fils de cette terre,
par nos pères, qu'il est juste et nécessaire de mentionner
d'abord pour louer leur valeur[18]. Il faut la voir, si l'on
veut en faire dignement l'éloge, en se transportant par la
parole au temps où l'Asie entière était pour la troisième
fois asservie à un roi. Le premier, Cyrus, après avoir
affranchi les Perses, avait dans sa superbe asservi à la
fois ses propres concitoyens et leurs maîtres, les Mèdes,　e
et mis sous son autorité le reste de l'Asie jusqu'à
l'Égypte ; son fils avait mis sous la sienne l'Égypte et la
Libye aussi loin qu'il pouvait les envahir ; le troisième,
Darius, étendit sur terre jusqu'aux Scythes les bornes de
son empire ; ses vaisseaux le rendaient maître de la mer　240 a
et des îles, si bien que nul n'osait lui tenir tête. Et les
volontés de tout le genre humain se trouvaient réduites
en servitude, tant l'empire perse avait courbé sous l'esclavage de peuples grands et belliqueux !

Marathon

　Or Darius nous accusa, nous et les Érétriens, de
machinations contre Sardes. Sous ce prétexte, il envoya
cinq cent mille hommes sur des transports et des navires
de guerre, et trois cents vaisseaux sous le commandement de Datis, avec l'ordre de ramener les Érétriens et
les Athéniens, s'il voulait garder sa propre tête. Datis,　b
ayant fait voile vers Érétrie contre des hommes qui
étaient alors en Grèce parmi les plus réputés dans l'art
de la guerre, et se trouvaient en nombre, les soumit en
trois jours, et fouilla tout leur pays, pour n'en laisser
échapper aucun, de la manière suivante : arrivés aux
frontières d'Érétrie, ses soldats firent la chaîne d'une

auquel il faut se reporter pour apprécier les *écarts* platoniciens :
Enquête, VI, 94-120 (Marathon) ; VIII, 1-96 (Artémision, Salamine) ;
IX, 12-84 (Platées).

συνάψαντες τὰς χεῖρας διῆλθον ἄπασαν τὴν χώραν, ἵν' ἔχοιεν τῷ βασιλεῖ εἰπεῖν ὅτι οὐδεὶς σφᾶς ἀποπεφευγὼς c εἴη. Τῇ δ' αὐτῇ διανοίᾳ κατηγάγοντο ἐξ Ἐρετρίας εἰς Μαραθῶνα, ὡς ἕτοιμόν σφισιν ὂν καὶ Ἀθηναίους ἐν τῇ αὐτῇ ταύτῃ ἀνάγκῃ ζεύξαντας Ἐρετριεῦσιν ἄγειν. Τούτων δὲ τῶν μὲν πραχθέντων, τῶν δ' ἐπιχειρουμένων οὔτ' Ἐρετριεῦσιν ἐβοήθησεν Ἑλλήνων οὐδεὶς οὔτε Ἀθηναίοις πλὴν Λακεδαιμονίων — οὗτοι δὲ τῇ ὑστεραίᾳ τῆς μάχης ἀφίκοντο — οἱ δ' ἄλλοι πάντες ἐκπεπληγμένοι, ἀγαπῶντες τὴν ἐν τῷ παρόντι σωτηρίαν, ἡσυχίαν ἦγον. Ἐν τούτῳ δὴ d ἄν τις γενόμενος γνοίη οἷοι ἄρα ἐτύγχανον ὄντες τὴν ἀρετὴν οἱ Μαραθῶνι δεξάμενοι τὴν τῶν βαρβάρων δύναμιν καὶ κολασάμενοι τὴν ὑπερηφανίαν καὶ πρῶτοι στήσαντες τρόπαια τῶν βαρβάρων, ἡγεμόνες καὶ διδάσκαλοι τοῖς ἄλλοις γενόμενοι ὅτι οὐκ ἄμαχος εἴη ἡ Περσῶν δύναμις, ἀλλὰ πᾶν πλῆθος καὶ πᾶς πλοῦτος ἀρετῇ ὑπείκει. Ἐγὼ μὲν οὖν ἐκείνους τοὺς ἄνδρας φημὶ οὐ μόνον τῶν σωμάτων τῶν e ἡμετέρων πατέρας εἶναι, ἀλλὰ καὶ τῆς ἐλευθερίας τῆς τε ἡμετέρας καὶ ξυμπάντων τῶν ἐν τῇδε τῇ ἠπείρῳ· εἰς ἐκεῖνο γὰρ τὸ ἔργον ἀποβλέψαντες καὶ τὰς ὑστέρας μάχας ἐτόλμησαν διακινδυνεύειν οἱ Ἕλληνες ὑπὲρ τῆς σωτηρίας, μαθηταὶ τῶν Μαραθῶνι γενόμενοι.

Τὰ μὲν οὖν ἀριστεῖα τῷ λόγῳ ἐκείνοις ἀναθετέον, τὰ δὲ δευτερεῖα τοῖς περὶ Σαλαμῖνα καὶ ἐπ' Ἀρτεμισίῳ ναυμα- 241 χήσασι καὶ νικήσασι. Καὶ γὰρ τούτων τῶν ἀνδρῶν πολλὰ μὲν ἄν τις ἔχοι διελθεῖν, καὶ οἷα ἐπιόντα ὑπέμειναν κατά τε γῆν καὶ κατὰ θάλατταν, καὶ ὡς ἠμύναντο ταῦτα· ὃ δέ μοι δοκεῖ καὶ ἐκείνων κάλλιστον εἶναι, τούτου μνησθήσομαι, ὅτι τὸ ἑξῆς ἔργον τοῖς Μαραθῶνι διεπράξαντο. Οἱ μὲν γὰρ Μαραθῶνι τοσοῦτον μόνον ἐπέδειξαν τοῖς Ἕλλησιν ὅτι κατὰ γῆν οἷόν τε ἀμύνεσθαι τοὺς βαρβάρους ὀλίγοις b

mer à l'autre en se tenant par la main, et traversèrent
ainsi tout le territoire pour pouvoir dire au Grand Roi c
que nul ne leur avait échappé. C'est dans ce même des-
sein que d'Érétrie il débarquèrent à Marathon, croyant
bien facile de ramener aussi les Athéniens, après les
avoir ployés sous le même joug que les gens d'Érétrie.
De ces entreprises l'une était déjà exécutée et l'autre en
voie de s'accomplir sans qu'aucun des Grecs fût venu au
secours d'Érétrie ni d'Athènes, à l'exception des
Lacédémoniens (encore ceux-ci arrivèrent-ils le lendemain de la bataille) ; tous les autres, frappés de crainte,
se tenaient cois, heureux de leur sécurité présente. d
Qu'on se transporte à ce moment-là : on pourra
connaître ce qu'étaient les vaillants qui reçurent à
Marathon le choc des forces barbares, châtièrent leur
insolence et dressèrent, les premiers, un trophée sur les
Barbares : ils ouvrirent la voie aux autres, en leur enseignant que la puissance perse n'était pas invincible et
qu'il n'est nombre ni richesse qui ne le cède à la valeur.
Pour moi, je le déclare, ces hommes-là furent les pères, e
non seulement de nos personnes, mais de notre liberté et
de celle de tous les habitants qui peuplent ce continent.
Car c'est les yeux fixés sur cette grande œuvre que, les
batailles livrées plus tard, les Grecs osèrent les risquer
pour leur salut, à l'école des hommes de Marathon.

Artémision et Salamine

Le premier prix, c'est donc à ceux-là que notre discours doit l'attribuer ; le second, aux vainqueurs des 241 a
batailles navales de Salamine et d'Artémision. De ces
hommes on aurait bien des exploits à conter, et les
assauts qu'ils soutinrent sur terre et sur mer, et la défense qu'ils y opposèrent ; mais ce qui, chez eux aussi,
me paraît être le plus beau titre de gloire, je le rappelle-
rai en disant qu'ils ont parachevé l'œuvre de Marathon.
Ceux de Marathon s'étaient bornés à faire voir aux
Grecs que sur terre il était possible avec une poignée b

πολλούς, ναυσὶ δὲ ἔτι ἦν ἄδηλον καὶ δόξαν εἶχον Πέρσαι ἄμαχοι εἶναι κατὰ θάλατταν καὶ πλήθει καὶ πλούτῳ καὶ τέχνῃ καὶ ῥώμῃ· τοῦτο δὴ ἄξιον ἐπαινεῖν τῶν ἀνδρῶν τῶν τότε ναυμαχησάντων, ὅτι τὸν ἐχόμενον φόβον διέλυσαν τῶν Ἑλλήνων καὶ ἔπαυσαν φοβουμένους πλῆθος νεῶν τε καὶ ἀνδρῶν. Ὑπ' ἀμφοτέρων δὴ ξυμβαίνει, τῶν τε Μαραθῶνι μαχεσαμένων καὶ τῶν ἐν Σαλαμῖνι ναυμαχη- c σάντων, παιδευθῆναι τοὺς ἄλλους Ἕλληνας, ὑπὸ μὲν τῶν κατὰ γῆν, ὑπὸ δὲ τῶν κατὰ θάλατταν μαθόντας καὶ ἐθισθέντας μὴ φοβεῖσθαι τοὺς βαρβάρους.

Τρίτον δὲ λέγω τὸ ἐν Πλαταιαῖς ἔργον καὶ ἀριθμῷ καὶ ἀρετῇ γενέσθαι τῆς Ἑλληνικῆς σωτηρίας, κοινὸν ἤδη τοῦτο Λακεδαιμονίων τε καὶ Ἀθηναίων. Τὸ μὲν οὖν μέγιστον καὶ χαλεπώτατον οὗτοι πάντες ἤμυναν, καὶ διὰ ταύτην τὴν ἀρετὴν νῦν τε ὑφ' ἡμῶν ἐγκωμιάζονται καὶ εἰς τὸν ἔπειτα χρόνον ὑπὸ τῶν ὑστέρων· μετὰ δὲ τοῦτο πολλαὶ μὲν πόλεις d τῶν Ἑλλήνων ἔτι ἦσαν μετὰ τοῦ βαρβάρου, αὐτὸς δὲ ἠγγέλλετο βασιλεὺς διανοεῖσθαι ὡς ἐπιχειρήσων πάλιν ἐπὶ τοὺς Ἕλληνας. Δίκαιον δὴ καὶ τούτων ἡμᾶς ἐπιμνησθῆναι, οἳ τοῖς τῶν προτέρων ἔργοις τέλος τῆς σωτηρίας ἐπέθεσαν ἀνακαθηράμενοι καὶ ἐξελάσαντες πᾶν τὸ βάρβαρον ἐκ τῆς θαλάττης. Ἦσαν δὲ οὗτοι οἵ τε ἐπ' Εὐρυμέδοντι ναυμαχήσαντες καὶ οἱ εἰς Κύπρον στρατεύσαντες καὶ οἱ εἰς Αἴγυ- e πτον πλεύσαντες καὶ ἄλλοσε πολλαχόσε, ὧν χρὴ μεμνῆσθαι καὶ χάριν αὐτοῖς εἰδέναι, ὅτι βασιλέα ἐποίησαν δείσαντα τῇ ἑαυτοῦ σωτηρίᾳ τὸν νοῦν προσέχειν, ἀλλὰ μὴ τῇ τῶν Ἑλλήνων ἐπιβουλεύειν φθορᾷ.

19. En 470 (ou 466). Les Athéniens et leurs alliés s'emparèrent de la flotte ennemie et anéantirent une escadre de secours (Thc., I, 100). L. M.

d'hommes de repousser une foule de Barbares ; mais avec des navires, on ne savait encore ; les Perses passaient pour être invincibles sur mer par le nombre, la richesse, la science et la vigueur. Voici donc ce qu'il faut louer dans les hommes qui combattirent alors sur mer : c'est d'avoir dissipé cette seconde crainte des Grecs, et mis fin à l'effroi que leur inspirait la multitude des vaisseaux et des hommes. Il en résulte donc que les uns et les autres, soldats de Marathon et marins de Salamine, c firent l'éducation des autres Grecs : sur terre et sur mer, ils leur apprirent et les habituèrent à ne pas redouter les Barbares.

Platées

« Le troisième, pour le nombre et la valeur, des exploits qui assurèrent le salut de la Grèce fut, je le déclare, celui de Platées, commun cette fois aux Lacédémoniens et aux Athéniens. Le péril le plus grand et le plus redoutable, à eux tous ils le repoussèrent, et c'est cette vaillance qui aujourd'hui leur vaut nos éloges comme elle leur vaudra dans l'avenir ceux de la postérité. Mais ensuite, bien des cités grecques restaient d encore aux côtés du Barbare, et l'on annonçait que le Grand Roi lui-même méditait une nouvelle entreprise contre la Grèce. Nous avons donc le devoir de rappeler aussi ceux qui complétèrent les exploits de leurs prédécesseurs, et achevèrent l'œuvre de salut en purgeant et en débarrassant la mer de toute la gent barbare. C'étaient les combattants sur mer de l'Eurymédon[19], les soldats e qui firent campagne contre Cypre[20], ceux qui cinglèrent vers l'Égypte et vers bien d'autres contrées. Il faut rappeler leur souvenir, et leur savoir gré d'avoir obligé le Grand Roi, pris de peur, à se préoccuper de son propre salut, au lieu de machiner la ruine de la Grèce.

20. En 449, les Athéniens et leurs alliés battirent devant Salamine (de Chypre) une escadre phénicienne et cilicienne (Thc., I, 112). *L. M.*

Καὶ οὗτος μὲν δὴ πάσῃ τῇ πόλει διηντλήθη ὁ πόλεμος ὑπὲρ ἑαυτῶν τε καὶ τῶν ἄλλων ὁμοφώνων πρὸς τοὺς βαρ- 242 βάρους· εἰρήνης δὲ γενομένης καὶ τῆς πόλεως τιμωμένης ἦλθεν ἐπ᾽ αὐτήν, ὃ δὴ φιλεῖ ἐκ τῶν ἀνθρώπων τοῖς εὖ πράττουσι προσπίπτειν, πρῶτον μὲν ζῆλος, ἀπὸ ζήλου δὲ φθόνος· ὃ καὶ τήνδε τὴν πόλιν ἄκουσαν ἐν πολέμῳ τοῖς Ἕλλησι κατέστησεν. Μετὰ δὲ τοῦτο γενομένου πολέμου, συνέβαλον μὲν ἐν Τανάγρᾳ ὑπὲρ τῆς Βοιωτῶν ἐλευθερίας Λακεδαιμονίοις μαχόμενοι, ἀμφισβητησίμου δὲ τῆς μάχης b γενομένης, διέκρινε τὸ ὕστερον ἔργον· οἱ μὲν γὰρ ᾤχοντο ἀπιόντες, καταλιπόντες [Βοιωτοὺς] οἷς ἐβοήθουν, οἱ δ᾽ ἡμέτεροι τρίτῃ ἡμέρᾳ ἐν Οἰνοφύτοις νικήσαντες τοὺς ἀδίκως φεύγοντας δικαίως κατήγαγον. Οὗτοι δὴ πρῶτοι μετὰ τὸν Περσικὸν πόλεμον, Ἕλλησιν ἤδη ὑπὲρ τῆς ἐλευτερίας βοηθοῦντες πρὸς Ἕλληνας, ἄνδρες ἀγαθοὶ γενόμενοι καὶ ἐλευθερώσαντες οἷς ἐβοήθουν, ἐν τῷδε τῷ μνή- c ματι τιμηθέντες ὑπὸ τῆς πόλεως πρῶτοι ἐτέθησαν.

Μετὰ δὲ ταῦτα πολλοῦ πολέμου γενομένου, καὶ πάντων τῶν Ἑλλήνων ἐπιστρατευσάντων καὶ τεμόντων τὴν χώραν καὶ ἀναξίαν χάριν ἐκτινόντων τῇ πόλει, νικήσαντες αὐτοὺς ναυμαχίᾳ οἱ ἡμέτεροι καὶ λαβόντες αὐτῶν τοὺς ἡγεμόνας Λακεδαιμονίους ἐν τῇ Σφαγίᾳ, ἐξὸν αὐτοῖς διαφθεῖραι ἐφείσαντο καὶ ἀπέδοσαν καὶ εἰρήνην ἐποιήσαντο, ἡγούμενοι d πρὸς μὲν τὸ ὁμόφυλον μέχρι νίκης δεῖν πολεμεῖν, καὶ μὴ δι᾽ ὀργὴν ἰδίαν πόλεως τὸ κοινὸν τῶν Ἑλλήνων διολλύναι, πρὸς δὲ τοὺς βαρβάρους μέχρι διαφθορᾶς. Τούτους δὴ

21. Voir l'oraison du Pseudo-Lysias, 48.

Luttes contre le Grèce

« C'est ainsi que notre cité tout entière vint à bout de
cette guerre, soutenue contre les Barbares pour son 242 a
propre salut et pour celui des autres peuples de même
langue. Mais la paix une fois faite, alors que notre cité
était dans sa gloire, elle essuya le sort que les hommes
se plaisent à infliger au succès : d'abord la rivalité ; puis,
à la suite de la rivalité, l'envie ; et c'est ainsi que notre
cité fut malgré elle mise en guerre avec la Grèce[21]. Là-
dessus, les hostilités ayant éclaté, ils en vinrent aux
mains à Tanagra avec les Lacédémoniens, en combattant
pour la liberté des Béotiens. La lutte resta incertaine, b
mais l'acte suivant fut décisif ; l'ennemi se retira et par-
tit, abandonnant ceux qu'il secourait ; les nôtres, vainqueurs au bout de trois jours à Œnophytes, ramenèrent
d'exil, conformément à la justice, les bannis injustement
chassés. Ceux-là furent les premiers, après les guerres
médiques, à défendre contre des Grecs la liberté
grecque ; ils se conduisirent en hommes de cœur, et
après avoir affranchi ceux qu'ils secouraient, ils furent, c
les premiers, déposés dans ce monument avec les honneurs publics.

La guerre du Péloponnèse

« Plus tard, la guerre étant devenue générale, quand
tous les Grecs marchèrent contre notre pays et le rava-
gèrent, payant indignement à notre cité leur dette de
reconnaissance, les nôtres les vainquirent en un combat
naval et capturèrent leurs chefs, les Lacédémoniens, à
Sphactérie. Ils pouvaient les mettre à mort : ils les épar-
gnèrent, les rendirent et firent la paix, estimant que d
contre des frères de race la guerre doit s'arrêter à la victoire, et ne pas sacrifier au ressentiment particulier d'une
cité l'intérêt de la communauté grecque, tandis que
contre les Barbares elle doit être poursuivie jusqu'à leur

ἄξιον ἐπαινέσαι τοὺς ἄνδρας, οἳ τοῦτον τὸν πόλεμον
πολεμήσαντες ἐνθάδε κεῖνται, ὅτι ἐπέδειξαν, εἴ τις ἄρα
ἠμφεσβήτει ὡς ἐν τῷ προτέρῳ πολέμῳ τῷ πρὸς τοὺς
βαρβάρους ἄλλοι τινὲς εἶεν ἀμείνους Ἀθηναίων, ὅτι οὐκ
ἀληθῆ ἀμφισβητοῖεν· οὗτοι γὰρ ἐνταῦθα ἔδειξαν, στασια- e
σάσης τῆς Ἑλλάδος περιγενόμενοι τῷ πολέμῳ, τοὺς
προεστῶτας τῶν ἄλλων Ἑλλήνων χειρωσάμενοι, μεθ' ὧν
τότε τοὺς βαρβάρους ἐνίκων κοινῇ, τούτους νικῶντες ἰδίᾳ.

Τρίτος δὲ πόλεμος μετὰ ταύτην τὴν εἰρήνην ἀνέλπι-
στός τε καὶ δεινὸς ἐγένετο, ἐν ᾧ πολλοὶ καὶ ἀγαθοὶ τελευ-
τήσαντες ἐνθάδε κεῖνται, πολλοὶ μὲν ἀμφὶ Σικελίαν πλεῖ-
στα τρόπαια στήσαντες ὑπὲρ τῆς Λεοντίνων ἐλευθερίας, 243
οἷς βοηθοῦντες διὰ τοὺς ὅρκους ἔπλευσαν εἰς ἐκείνους
τοὺς τόπους, διὰ δὲ μῆκος τοῦ πλοῦ εἰς ἀπορίαν τῆς
πόλεως καταστάσης καὶ οὐ δυναμένης αὐτοῖς ὑπηρε-
τεῖν, τούτῳ ἀπειπόντες ἐδυστύχησαν· ὧν οἱ ἐχθροὶ καὶ
προσπολεμήσαντες πλείω ἔπαινον ἔχουσι σωφροσύνης καὶ
ἀρετῆς ἢ τῶν ἄλλων οἱ φίλοι· πολλοὶ δ' ἐν ταῖς ναυμαχίαις
ταῖς καθ' Ἑλλήσποντον, μιᾷ μὲν ἡμέρᾳ πάσας τὰς τῶν
πολεμίων ἑλόντες ναῦς, πολλὰς δὲ καὶ ἄλλας νικήσαντες· b
ὃ δ' εἶπον δεινὸν καὶ ἀνέλπιστον τοῦ πολέμου γενέσθαι,
τόδε λέγω τὸ εἰς τοσοῦτον φιλονικίας ἐλθεῖν πρὸς τὴν
πόλιν τοὺς ἄλλους Ἕλληνας ὥστε τολμῆσαι τῷ ἐχθίστῳ
ἐπικηρυκεύσασθαι βασιλεῖ, ὃν κοινῇ ἐξέβαλον μεθ' ἡμῶν,
ἰδίᾳ τοῦτον πάλιν ἐπάγεσθαι, βάρβαρον ἐφ' Ἕλληνας, καὶ
ξυναθροῖσαι ἐπὶ τὴν πόλιν πάντας Ἕλληνάς τε καὶ βαρβάρους. Οὗ δὴ καὶ ἐκφανὴς ἐγένετο ἡ τῆς πόλεως ῥώμη τε c
καὶ ἀρετή. Οἰομένων γὰρ ἤδη αὐτὴν καταπεπολεμῆσθαι καὶ

22. Victoires athéniennes de Cynossèma et d'Abydos, à la fin de
411 ; de Cyzique, en 410. *L. M.*

23. À Cyzique. *L. M.*

24. En 412, les Lacédémoniens et leurs alliés conclurent avec le
Grand Roi un traité qui fut renouvelé en 412/411, puis une troisième
fois dans le même hiver (Thc., VIII, 18 ; 36-37 ; 57-59). *L. M.*

destruction. Ils sont donc dignes d'éloge, les hommes qui reposent ici après avoir soutenu cette guerre : à qui pouvait prétendre que, dans la guerre précédente contre les Barbares, d'autres étaient supérieurs aux Athéniens, ils firent voir la fausseté de cette contestation. Ils montrèrent alors, en triomphant par les armes de la Grèce soulevée contre eux, en s'emparant des chefs du reste de la Grèce, que ceux avec qui ils avaient jadis vaincu les Barbares par leurs forces communes, ils savaient les vaincre par leurs propres forces.

L'expédition de Sicile

Une troisième guerre éclata après cette paix, guerre imprévue et terrible, où périrent bien des braves qui reposent ici ; beaucoup d'entre eux tombèrent dans les parages de la Sicile, après avoir élevé une foule de trophées, pour défendre la liberté des Léontins qu'ils étaient allés secourir, fidèles aux serments prêtés, en cinglant vers ces contrées lointaines ; mais comme, paralysée par la longueur de la traversée, la cité ne pouvait leur venir en aide, ils durent pour cette raison renoncer à la lutte et connaître les revers. Mais leurs adversaires, même après les avoir combattus, ont plus d'éloges pour leur modération et leur valeur que pour les autres leurs propres amis. Beaucoup moururent aussi dans les batailles navales de l'Hellespont[22], après avoir, en un seul jour[23], capturé tous les vaisseaux ennemis, et triomphé de beaucoup d'autres. Mais j'ai rappelé le caractère terrible et imprévu de cette guerre : je veux dire que les autres Grecs en vinrent à un tel degré de jalousie contre la cité qu'ils osèrent négocier avec leur pire ennemi, le Grand Roi ; celui qu'ils avaient chassé en commun avec nous, par une démarche séparée ils le ramenèrent, lui Barbare, contre des Grecs[24], et coalisèrent contre la cité tous les Grecs et les Barbares. C'est alors qu'on vit briller l'énergie et la valeur de la cité. Pendant qu'ils la croyaient entièrement défaite, et que sa flotte restait blo-

ἀπειλημμένων ἐν Μυτιλήνῃ τῶν νεῶν, βοηθήσαντες ἑξή-
κοντα ναυσίν, αὐτοὶ ἐμβάντες εἰς τὰς ναῦς, καὶ ἄνδρες
γενόμενοι ὁμολογουμένως ἄριστοι, νικήσαντες μὲν τοὺς
πολεμίους, λυσάμενοι δὲ τοὺς φιλίους, ἀναξίου τύχης
τυχόντες, οὐκ ἀναιρεθέντες ἐν τῆς θαλάττης κεῖνται
ἐνθάδε. Ὧν χρὴ ἀεὶ μεμνῆσθαί τε καὶ ἐπαινεῖν· τῇ μὲν
γὰρ ἐκείνων ἀρετῇ ἐνικήσαμεν οὐ μόνον τὴν τότε ναυμα-   d
χίαν, ἀλλὰ καὶ τὸν ἄλλον πόλεμον· δόξαν γὰρ δι' αὐτοὺς
ἡ πόλις ἔσχεν μή ποτ' ἂν καταπολεμηθῆναι μηδ' ὑπὸ
πάντων ἀνθρώπων — καὶ ἀληθῆ ἔδοξεν — τῇ δὲ ἡμε-
τέρᾳ αὐτῶν διαφορᾷ ἐκρατήθημεν, οὐχ ὑπὸ τῶν ἄλλων·
ἀήττητοι γὰρ ἔτι καὶ νῦν ὑπό γε ἐκείνων ἐσμέν, ἡμεῖς δὲ
αὐτοὶ ἡμᾶς αὐτοὺς καὶ ἐνικήσαμεν καὶ ἡττήθημεν.

Μετὰ δὲ ταῦτα ἡσυχίας γενομένης καὶ εἰρήνης πρὸς   e
τοὺς ἄλλους, ὁ οἰκεῖος ἡμῖν πόλεμος οὕτως ἐπολεμήθη
ὥστε, εἴπερ εἱμαρμένον εἴη ἀνθρώποις στασιάσαι, μὴ ἂν
ἄλλως εὔξασθαι μηδένα πόλιν ἑαυτοῦ νοσῆσαι. Ἔκ τε γὰρ
τοῦ Πειραιῶς καὶ τοῦ ἄστεως ὡς ἀσμένως καὶ οἰκείως
ἀλλήλοις συνέμειξαν οἱ πολῖται καὶ παρ' ἐλπίδα τοῖς ἄλλοις
Ἕλλησι, τόν τε πρὸς τοὺς Ἐλευσῖνι πόλεμον ὡς μετρίως
ἔθεντο· καὶ τούτων ἁπάντων οὐδὲν ἄλλ' αἴτιον ἢ ἡ τῷ ὄντι   244
ξυγγένεια, φιλίαν βέβαιον καὶ ὁμόφυλον οὐ λόγῳ ἀλλ' ἔργῳ
παρεχομένη. Χρὴ δὲ καὶ τῶν ἐν τούτῳ τῷ πολέμῳ τελευτησάντων ὑπ' ἀλλήλων μνείαν ἔχειν καὶ διαλλάττειν αὐτοὺς

---

25. Aux Arginuses (juillet 406). L. M.

26. Platon « oublie » ici simplement l'issue historique de la
guerre du Péloponnèse : la terrible défaite navale d'Ægos Potamoi (la
flotte athénienne est détruite en 405), suivie bientôt du siège et de la
capitulation d'Athènes (cf. Xénophon, Helléniques, II, 1, 22-29). Il
porte ainsi à son comble la mystification de l'oraison, incapable de
nommer la défaite. Mais il montre aussi, en même temps, que la forme
ultime du conflit humain, la guerre civile, devait encore avoir lieu.

quée à Mytilène, les nôtres, avec un renfort de soixante vaisseaux où ils s'embarquèrent eux-mêmes, montrèrent, de l'aveu de tous, une vaillance accomplie ; ils vainquirent leurs ennemis[25], délivrèrent leurs amis ; mais, victimes d'un sort immérité, leurs corps ne purent être recueillis en mer pour reposer ici. Ils ont droit à un souvenir et un éloge éternels : c'est par leur valeur que d nous gagnâmes non seulement cette bataille navale, mais le reste de la guerre. Grâce à eux, notre cité acquit cette réputation qu'elle ne saurait jamais être défaite, même par l'univers entier : réputation méritée, car ce sont nos propres divisions, non les armes d'autrui, qui triomphèrent de nous. Invaincus, nous le restons aujourd'hui encore devant ces ennemis : c'est nous-mêmes qui avons remporté sur nous la victoire ; c'est par nous-mêmes que nous avons été vaincus[26].

La guerre civile

Quand ensuite le calme eut été rétabli, et la paix faite e avec les autres, la guerre civile fut conduite chez nous de telle sorte que, si le destin condamnait l'humanité aux dissensions, nul ne souhaiterait voir sa propre cité subir autrement cette épreuve[27]. Du côté du Pirée comme de la ville, quel empressement fraternel mirent nos concitoyens à se mêler entre eux, et contre toute attente, avec les autres Grecs ; quelle modération à terminer la guerre contre ceux d'Éleusis ! Et tout cela n'eut d'autre cause 244 a que la parenté réelle, qui produit, non point en paroles mais en fait, une amitié solide, fondée sur la communauté de race. Il faut encore se souvenir de ceux qui dans cette guerre moururent victimes les uns des autres, et les

27. Où l'on retrouve donc le thème de la *stasis*, de la dissension, le plus grave des maux dont puisse souffrir une cité (voir ce qu'en dit la *République*, V, 470 b-471 c).

ᾧ δυνάμεθα, εὐχαῖς καὶ θυσίαις, ἐν τοῖς τοιοῖσδε, τοῖς κρατοῦσιν αὐτῶν εὐχομένους, ἐπειδὴ καὶ ἡμεῖς διηλλάγμεθα. Οὐ γὰρ κακίᾳ ἀλλήλων ἥψαντο οὐδ᾽ ἔχθρᾳ, ἀλλὰ δυστυχίᾳ. Μάρτυρες δὲ ἡμεῖς αὐτοὶ ἐσμεν τούτων οἱ ζῶντες· οἱ b αὐτοὶ γὰρ ὄντες ἐκείνοις γένει συγγνώμην ἀλλήλοις ἔχομεν ὧν τ᾽ ἐποιήσαμεν ὧν τ᾽ ἐπάθομεν.

Μετὰ δὲ τοῦτο παντελῶς εἰρήνης ἡμῖν γενομένης, ἡσυχίαν ἦγεν ἡ πόλις, τοῖς μὲν βαρβάροις συγγιγνώσκουσα, ὅτι παθόντες ὑπ᾽ αὐτῆς κακῶς ἱκανῶς οὐκ ἐνδεῶς ἡμύναντο, τοῖς δὲ Ἕλλησιν ἀγανακτοῦσα, μεμνημένη ὡς εὖ παθόντες ὑπ᾽ αὐτῆς οἵαν χάριν ἀπέδοσαν, κοινωσάμενοι c τοῖς βαρβάροις, τάς τε ναῦς περιελόμενοι αἵ ποτ᾽ ἐκείνους ἔσωσαν, καὶ τείχη καθελόντες ἀνθ᾽ ὧν ἡμεῖς τἀκείνων ἐκωλύσαμεν πεσεῖν· διανοουμένη δὲ ἡ πόλις μὴ ἂν ἔτι ἀμῦναι μήτε Ἕλλησι πρὸς ἀλλήλων δουλουμένοις μήτε ὑπὸ βαρβάρων, οὕτως ᾤκει. Ἡμῶν οὖν ἐν τοιαύτῃ διανοίᾳ ὄντων ἡγησάμενοι Λακεδαιμόνιοι τοὺς μὲν τῆς ἐλευθερίας ἐπικούρους πεπτωκέναι ἡμᾶς, σφέτερον δὲ ἤδη ἔργον εἶναι καταδουλοῦσθαι τοὺς ἄλλους, ταῦτ᾽ ἔπραττον. d

Καὶ μηκύνειν μὲν τί δεῖ ; οὐ γὰρ πάλαι οὐδ᾽ ἐπ᾽ ἄλλων ἀνθρώπων γεγονότα λέγοιμ᾽ ἂν τὰ μετὰ ταῦτα· αὐτοὶ γὰρ ἴσμεν ὡς ἐκπεπληγμένοι ἀφίκοντο εἰς χρείαν τῆς πόλεως τῶν τε Ἑλλήνων οἱ πρῶτοι, Ἀργεῖοι καὶ Βοιωτοὶ καὶ Κορίνθιοι, καὶ τό γε θειότατον πάντων, τὸ καὶ βασιλέα εἰς τοῦτο ἀπορίας ἀφικέσθαι ὥστε περιστῆναι αὐτῷ μηδαμόθεν ἄλλοθεν τὴν σωτηρίαν γενέσθαι ἀλλ᾽ ἢ ἐκ ταύτης τῆς πόλεως, ἣν προθύμως ἀπώλλυ. Καὶ δὴ καὶ εἴ τις βούλοιτο e

réconcilier comme nous le pouvons, par des prières et des sacrifices, dans les cérémonies de ce genre, en invoquant leurs maîtres, puisque nous aussi nous nous sommes réconciliés. Car ce n'est point la méchanceté ni la haine qui leur fit porter la main les uns sur les autres, mais le malheur des temps. Nous-mêmes, nous en sommes témoins, nous les vivants : de même race qu'eux, nous nous pardonnons mutuellement ce que nous avons fait et ce que nous avons souffert.

Nouvelles dispositions d'Athènes

« Quand ensuite la paix se fut entièrement rétablie chez nous, notre cité se tint tranquille. Si elle pardonnait aux Barbares de lui avoir pleinement rendu le mal qu'elle leur avait fait amplement, elle s'indignait contre les Grecs au souvenir de la reconnaissance dont ils avaient payé tant de bons offices, de concert avec les Barbares, en lui enlevant la flotte qui jadis les avait sauvés, et en abattant les murailles que nous avions sacrifiées pour empêcher la chute des leurs. Résolue à ne plus défendre les Grecs de la servitude, ni contre eux-mêmes ni contre les Barbares, c'est dans ces dispositions qu'elle vivait. Devant cet état d'esprit, les Lacédémoniens nous crurent abattus, nous, les soutiens de la liberté, et, s'attribuant désormais le rôle de réduire les autres en esclavage, ils agirent en conséquence.

Athènes et le Grand Roi

« À quoi bon m'étendre davantage ? Ils ne concernent pas un lointain passé ni d'autres hommes que nous, les événements qui suivirent et dont je pourrais parler. Nous-mêmes, nous savons quel saisissement d'effroi fit recourir à notre cité les premiers des Grecs, Argiens, Béotiens et Corinthiens. Fait merveilleux entre tous : le Grand Roi lui-même en vint à ce point de détresse que, par un revirement de la situation, il ne trouva son salut nulle part ailleurs qu'en cette ville dont il poursuivait

τῆς πόλεως κατηγορῆσαι δικαίως, τοῦτ' ἂν μόνον λέγων
ὀρθῶς ἂν κατηγοροῖ ὡς ἀεὶ λίαν φιλοικτίρμων ἐστὶ καὶ τοῦ
ἥττονος θεραπίς. Καὶ δὴ καὶ ἐν τῷ τότε χρόνῳ οὐχ οἷά τε
ἐγένετο καρτερῆσαι οὐδὲ διαφυλάξαι ἃ ἐδέδοκτο αὐτῇ, τὸ
μηδενὶ δουλουμένῳ βοηθεῖν τῶν σφᾶς ἀδικησάντων, ἀλλὰ 245 a
ἐκάμφθη καὶ ἐβοήθησεν, καὶ τοὺς μὲν Ἕλληνας αὐτὴ
βοηθήσασα ἀπελύσατο δουλείας, ὥστ' ἐλευθέρους εἶναι
μέχρι οὗ πάλιν αὐτοὶ αὐτοὺς κατεδουλώσαντο, βασιλεῖ δὲ
αὐτὴ μὲν οὐκ ἐτόλμησεν βοηθῆσαι, αἰσχυνομένη τὰ τρόπαια τά τε Μαραθῶνι καὶ Σαλαμῖνι καὶ Πλαταιαῖς, φυγά-
δας δὲ καὶ ἐθελοντὰς ἐάσασα μόνον βοηθῆσαι ὁμολογουμένως ἔσωσεν. Τειχισαμένη δὲ καὶ ναυπηγησαμένη, ἐκδε-
ξαμένη τὸν πόλεμον, ἐπειδὴ ἠναγκάσθη πολεμεῖν, ὑπὲρ b
Παρίων ἐπολέμει Λακεδαιμονίοις.

Φοβηθεὶς δὲ βασιλεὺς τὴν πόλιν, ἐπειδὴ ἑώρα Λακεδαιμονίους τῷ κατὰ θάλατταν πολέμῳ ἀπαγορεύοντας, ἀπο-
στῆναι βουλόμενος ἐξῄτει τοὺς Ἕλληνας τοὺς ἐν τῇ
ἠπείρῳ, οὕσπερ πρότερον Λακεδαιμόνιοι αὐτῷ ἐξέδοσαν, εἰ
μέλλοι συμμαχήσειν ἡμῖν τε καὶ τοῖς ἄλλοις συμμάχοις,
ἡγούμενος οὐκ ἐθελήσειν, ἵν' αὐτῷ πρόφασις εἴη τῆς ἀπο-
στάσεως. Καὶ τῶν μὲν ἄλλων συμμάχων ἐψεύσθη· ἠθέλη- c
σαν γὰρ αὐτῷ ἐκδιδόναι καὶ ξυνέθεντο καὶ ὤμοσαν Κορίνθιοι καὶ Ἀργεῖοι καὶ Βοιωτοὶ καὶ οἱ ἄλλοι σύμμαχοι, εἰ
μέλλοι χρήματα παρέξειν, ἐκδώσειν τοὺς ἐν τῇ ἠπείρῳ
Ἕλληνας· μόνοι δὲ ἡμεῖς οὐκ ἐτολμήσαμεν οὔτε ἐκδοῦναι
οὔτε ὀμόσαι. Οὕτω δή τοι τό γε τῆς πόλεως γενναῖον καὶ

28. La leçon des mss., *Pariôn*, a paru suspecte à nombre de critiques, et les corrections les plus diverses ont été proposées. Il semble
pourtant que le texte puisse être conservé. L'orateur paraît faire allusion aux efforts de Conon (en 394/393) pour chasser des Cyclades les
harmostes lacédémoniens (Xénophon, *Helléniques*, IV, 8). C'est

l'anéantissement avec tant d'ardeur. Et précisément, si l'on voulait élever contre notre cité un grief légitime, on ne pourrait avec raison lui faire qu'un reproche, celui d'être en toute circonstance trop pitoyable et de se mettre au service du faible. C'est ainsi qu'en ce temps-là, elle ne put tenir bon ni garder jusqu'au bout sa résolution de ne secourir contre l'asservissement aucun de ceux qui lui avaient fait tort ; elle se laissa fléchir et leur vint en aide. En personne, elle secourut les Grecs, et les arracha à la servitude, leur assurant une liberté qu'ils conservèrent jusqu'au jour où ils recommencèrent à s'asservir eux-mêmes. Quant au Grand Roi, elle n'osa le défendre elle-même, par respect pour les trophées de Marathon, de Salamine et de Platées ; mais, en permettant seulement aux bannis et aux volontaires d'aller à son secours, elle le sauva, de l'aveu unanime. Après s'être construit des murs et une flotte, elle accepta la guerre, quand elle y fut contrainte, et combattit les Lacédémoniens pour la défense de Paros[28].

« Mais le Grand Roi eut peur de notre cité, quand il vit les Lacédémoniens renoncer à la guerre maritime. Désireux de faire défection, il réclamait les Grecs du continent[29] que lui avait précédemment livrés Lacédémone[30], comme condition de son alliance avec nous et les autres alliés, s'attendant à un refus qui servirait de prétexte à sa défection. Les autres alliés le déçurent : Corinthiens, Argiens, Béotiens et le reste des alliés consentirent à cet abandon ; ils convinrent et jurèrent, s'il était prêt à leur donner de l'argent, de livrer les Grecs du continent ; seuls, nous n'osâmes ni les livrer ni prêter serment. Voilà comme la générosité et l'indépendance de notre ville sont solides et de bon aloi et s'unis-

245 a

b

c

---

vers cette époque que Pasinos s'empara de Paros (Isocrate, *Éginét.*, 18). *L. M.*

29. D'Asie Mineure. *L. M.*

30. Par l'accord de 412 (Thc., VIII, 18). *L. M.*

ἐλεύθερον βέβαιόν τε καὶ ὑγιές ἐστιν καὶ φύσει μισοβάρ-
βαρον, διὰ τὸ εἰλικρινῶς εἶναι Ἕλληνες καὶ ἀμιγεῖς βαρ-   d
βάρων. Οὐ γὰρ Πέλοπες οὐδὲ Κάδμοι οὐδὲ Αἴγυπτοί τε καὶ
Δαναοὶ οὐδὲ ἄλλοι πολλοὶ φύσει μὲν βάρβαροι ὄντες, νόμῳ
δὲ Ἕλληνες, συνοικοῦσιν ἡμῖν, ἀλλ' αὐτοὶ Ἕλληνες, οὐ
μειξοβάρβαροι οἰκοῦμεν, ὅθεν καθαρὸν τὸ μῖσος ἐντέτηκε
τῇ πόλει τῆς ἀλλοτρίας φύσεως. Ὅμως δ' οὖν ἐμονώθημεν
πάλιν διὰ τὸ μὴ ἐθέλειν αἰσχρὸν καὶ ἀνόσιον ἔργον ἐργά-   e
σασθαι Ἕλληνας βαρβάροις ἐκδόντες. Ἐλθόντες οὖν εἰς
ταὐτὰ ἐξ ὧν καὶ τὸ πρότερον κατεπολεμήθημεν, σὺν θεῷ
ἄμεινον ἢ τότε ἐθέμεθα τὸν πόλεμον· καὶ γὰρ ναῦς καὶ
τείχη ἔχοντες καὶ τὰς ἡμετέρας αὐτῶν ἀποικίας ἀπηλλά-
γημεν τοῦ πολέμου, οὕτως ἀγαπητῶς ἀπηλλάττοντο καὶ οἱ
πολέμιοι. Ἀνδρῶν μέντοι ἀγαθῶν καὶ ἐν τούτῳ τῷ πολέμῳ
ἐστερήθημεν, τῶν τε ἐν Κορίνθῳ χρησαμένων δυσχωρίᾳ καὶ
ἐν Λεχαίῳ προδοσίᾳ· ἀγαθοὶ δὲ καὶ οἱ βασιλέα ἐλευθερώ-   246 a
σαντες καὶ ἐκβαλόντες ἐκ τῆς θαλάττης Λακεδαιμονίους·
ὧν ἐγὼ μὲν ὑμᾶς ἀναμιμνῄσκω, ὑμᾶς δὲ πρέπει ξυνεπαι-
νεῖν τε καὶ κοσμεῖν τοιούτους ἄνδρας.

Καὶ τὰ μὲν δὴ ἔργα ταῦτα τῶν ἀνδρῶν τῶν ἐνθάδε κειμέ-
νων καὶ τῶν ἄλλων ὅσοι ὑπὲρ τῆς πόλεως τετελευτήκασι,
πολλὰ μὲν τὰ εἰρημένα καὶ καλά, πολὺ δ' ἔτι πλείω καὶ
καλλίω τὰ ὑπολειπόμενα· πολλαὶ γὰρ ἂν ἡμέραι καὶ νύκτες   b
οὐχ ἱκαναὶ γένοιντο τῷ τὰ πάντα μέλλοντι περαίνειν. Τούτων

---

31. C'est l'épisode de la paix d'Antalcidas (la « paix du Roi », en
386), conclue entre les Perses et Sparte. Athènes n'en eut pas l'initia-
tive, comme le suggère Socrate, mais elle y fut au contraire contrainte
par le Roi qui se méfiait du regain de l'expansion athénienne (cf.
Xénophon, Helléniques, V, 1, 31-36).

32. Voir Xénophon, Helléniques, IV, 4, 7 sq. ; Diodore de Sicile,
XIV, 86. En 393, les partisans de Sparte furent massacrés à Corinthe,
ou expulsés de la ville par les Argiens. Tandis que les Athéniens et les

sent à la haine naturelle du Barbare, parce que nous   d
sommes purement Grecs et sans mélange de Barbares.
On ne voit point de Pélops, de Cadmos, d'Égyptos, de
Danaos ni tant d'autres, Barbares de nature, Grecs par la
loi, partager notre vie ; nous sommes Grecs authen-
tiques, sans alliage de sang barbare, d'où la haine sans
mélange pour la gent étrangère qui est infuse à notre
cité. Mais, quoi qu'il en soit, nous retombâmes dans
notre isolement, pour refuser de commettre un acte hon-   e
teux et sacrilège en livrant des Grecs à des Barbares[31].
Revenus à la même situation qui avait auparavant entraî-
né notre défaite, nous pûmes, grâce aux dieux, terminer
la guerre mieux qu'alors : nous gardions notre flotte, nos
murs et nos propres colonies à l'issue des hostilités, tant
les ennemis eux-mêmes étaient heureux d'en avoir fini !
Pourtant nous perdîmes encore des braves dans cette
guerre, victimes à Corinthe des difficultés du terrain et
de la trahison à Léchaeon[32]. C'étaient aussi des braves,   246 a
ceux qui délivrèrent le Grand Roi et chassèrent de la mer
les Lacédémoniens : je les rappelle à votre souvenir ; à
vous d'unir vos louanges aux miennes et de glorifier de
tels héros.

Conseils aux vivants

Voilà les exploits des hommes qui reposent ici, et des
autres qui sont tombés pour la défense de notre cité.
Nombreux et glorieux sont ceux dont j'ai parlé ; plus
nombreux encore et plus glorieux ceux qui restent en-   b
core : bien des jours et des nuits ne suffiraient pas à en
achever l'énumération. En souvenir d'eux, chacun doit

Béotiens venaient soutenir les Argiens, les bannis se réfugièrent auprès
du Lacédémonien Praxitas, campé à Sicyone, et l'introduisirent pendant la nuit à Léchaeon, port de Corinthe. Le lendemain, l'assaut des
Béotiens, des Corinthiens, des Argiens et des Athéniens commandés
par Iphicrate, fut victorieusement repoussé par Praxitas. *L. M.*

οὖν χρὴ μεμνημένους τοῖς τούτων ἐκγόνοις πάντ' ἄνδρα
παρακελεύεσθαι, ὥσπερ ἐν πολέμῳ, μὴ λείπειν τὴν τάξιν
τὴν τῶν προγόνων μηδ' εἰς τοὐπίσω ἀναχωρεῖν εἴκοντας
κάκῃ. Ἐγὼ μὲν οὖν καὶ αὐτός, ὦ παῖδες ἀνδρῶν ἀγαθῶν,
νῦν τε παρακελεύομαι καὶ ἐν τῷ λοιπῷ χρόνῳ, ὅπου ἄν τῳ
ἐντυγχάνω ὑμῶν, καὶ ἀναμνήσω καὶ διακελεύσομαι προθυ-   c
μεῖσθαι εἶναι ὡς ἀρίστους· ἐν δὲ τῷ παρόντι δίκαιός εἰμι
εἰπεῖν ἃ οἱ πατέρες ἡμῖν ἐπέσκηπτον ἀπαγγέλλειν τοῖς
λειπομένοις, εἴ τι πάσχοιεν, ἡνίκα κινδυνεύειν ἔμελλον.
Φράσω δὲ ὑμῖν ἅ τε αὐτῶν ἤκουσα ἐκείνων καὶ οἷα νῦν
ἡδέως ἂν εἴποιεν ὑμῖν λαβόντες δύναμιν, τεκμαιρόμενος ἐξ
ὧν τότε ἔλεγον. Ἀλλὰ νομίζειν χρὴ αὐτῶν ἀκούειν ἐκείνων ἃ ἂν ἀπαγγέλλω· ἔλεγον δὲ τάδε·

Ὦ παῖδες, ὅτι μέν ἐστε πατέρων ἀγαθῶν, αὐτὸ μηνύει   d
τὸ νῦν παρόν· ἡμῖν δὲ ἐξὸν ζῆν μὴ καλῶς, καλῶς αἱρούμεθα
μᾶλλον τελευτᾶν, πρὶν ὑμᾶς τε καὶ τοὺς ἔπειτα εἰς ὄνειδη
καταστῆσαι καὶ πρὶν τοὺς ἡμετέρους πατέρας καὶ πᾶν τὸ
πρόσθεν γένος αἰσχῦναι, ἡγούμενοι τῷ τοὺς αὑτοῦ αἰσχύ-
νοντι ἀβίωτον εἶναι, καὶ τῷ τοιούτῳ οὔτε τινὰ ἀνθρώπων
οὔτε θεῶν φίλον εἶναι οὔτ' ἐπὶ γῆς οὔθ' ὑπὸ γῆς τελευτή-
σαντι. Χρὴ οὖν μεμνημένους τῶν ἡμετέρων λόγων, ἐάν τι
καὶ ἄλλο ἀσκῆτε, ἀσκεῖν μετ' ἀρετῆς, εἰδότας ὅτι τούτου   e
λειπόμενα πάντα καὶ κτήματα καὶ ἐπιτηδεύματα αἰσχρὰ
καὶ κακά. Οὔτε γὰρ πλοῦτος κάλλος φέρει τῷ κεκτημένῳ
μετ' ἀνανδρίας — ἄλλῳ γὰρ ὁ τοιοῦτος πλουτεῖ καὶ οὐχ
ἑαυτῷ — οὔτε σώματος κάλλος καὶ ἰσχὺς δειλῷ καὶ κακῷ

33. *Teleutêsanti* est une redondance, probablement amenée pour la
symétrie avec *aiskhunonti* ; voir plus haut *teleutan... aiskhunai. L. M.*

faire passer à leurs descendants, comme à la guerre, l'ordre de ne pas déserter le poste des ancêtres et de ne pas battre en retraite en cédant à la lâcheté. Pour ma part, ô fils de braves, je vous fais aujourd'hui passer le mot d'ordre, et à l'avenir, partout où je rencontrerai l'un de vous, je le lui remettrai en mémoire, je vous exhorterai à l'ambition d'être aussi accompli que possible. Pour le moment, j'ai le devoir de dire ce que les pères nous recommandaient de rapporter à ceux qu'ils laissaient, en cas de malheur, quand ils allaient affronter le danger. Je citerai ce que j'ai entendu de leur propre bouche, et le genre de propos qu'ils aimeraient vous tenir aujourd'hui, s'ils en avaient le pouvoir, en me fondant sur ce qu'ils disaient alors. Qu'on s'imagine donc ouïr de leur propre bouche le discours que je rapporterai. Voici comme ils parlaient :

Exhortation des morts à leurs fils

« Enfants, que vos pères soient des braves, à elle seule la cérémonie présente en est la preuve ; libres de vivre sans honneur, nous préférons mourir avec honneur avant de vous précipiter, vous et votre postérité, dans l'opprobre, avant de déshonorer nos pères et toute la race de nos ancêtres, persuadés qu'il n'est pas de vie possible pour qui déshonore les siens, et qu'un tel être n'a point d'amis ni parmi les hommes ni parmi les dieux, ni sur terre ni sous terre après sa mort[33]. Vous devez donc, en souvenir de nos paroles, quel que soit l'objet de votre effort, y travailler conformément à la vertu, certains que sans elle[34] toute richesse et toute activité ne sont que honte et vice. Car l'argent ne donne point de lustre à qui le possède en lâche : c'est pour autrui qu'un tel homme est riche, et non pour lui-même ; beauté et vigueur physiques chez un lâche et un méchant

34. Litt. : *sans cela (privées de cela)*. *Toutou* se rapporte à *aretês*, ou plutôt à *askein met' aretês*, *l'effort appuyé sur la vertu. L. M.*

ξυνοικοῦντα πρέποντα φαίνεται, ἀλλ' ἀπρεπῆ, καὶ ἐπιφα-
νέστερον ποιεῖ τὸν ἔχοντα καὶ ἐκφαίνει τὴν δειλίαν· πᾶσά
τε ἐπιστήμη χωριζομένη δικαιοσύνης καὶ τῆς ἄλλης ἀρετῆς 247 a
πανουργία, οὐ σοφία φαίνεται. Ὦν ἔνεκα καὶ πρῶτον καὶ
ὕστατον καὶ διὰ παντὸς πᾶσαν πάντως προθυμίαν πειρᾶσθε
ἔχειν ὅπως μάλιστα μὲν ὑπερβαλεῖσθε καὶ ἡμᾶς καὶ τοὺς
πρόσθεν εὐκλείᾳ· εἰ δὲ μή, ἴστε ὡς ἡμῖν, ἂν μὲν νικῶμεν
ὑμᾶς ἀρετῇ, ἡ νίκη αἰσχύνην φέρει, ἡ δὲ ἧττα, ἐὰν ἡττώμεθα,
εὐδαιμονίαν. Μάλιστα δ' ἂν νικῴμεθα καὶ ὑμεῖς νικῷητε,
εἰ παρασκευάσαισθε τῇ τῶν προγόνων δόξῃ μὴ καταχρησό- b
μενοι μηδ' ἀναλώσοντες αὐτήν, γνόντες ὅτι ἀνδρὶ οἰομένῳ
τι εἶναι οὐκ ἔστιν αἴσχιον οὐδὲν ἢ παρέχειν ἑαυτὸν τιμώ-
μενον μὴ δι' ἑαυτόν, ἀλλὰ διὰ δόξαν προγόνων. Εἶναι μὲν
γὰρ τιμὰς γονέων ἐκγόνοις καλὸς θησαυρὸς καὶ μεγαλο-
πρεπής· χρῆσθαι δὲ καὶ χρημάτων καὶ τιμῶν θησαυρῷ, καὶ
μὴ τοῖς ἐκγόνοις παραδιδόναι, αἰσχρὸν καὶ ἄνανδρον,
ἀπορίᾳ ἰδίων αὑτοῦ κτημάτων τε καὶ εὐδοξιῶν. Καὶ ἐὰν
μὲν ταῦτα ἐπιτηδεύσητε, φίλοι παρὰ φίλους ἡμᾶς ἀφίξεσθε, c
ὅταν ὑμᾶς ἡ προσήκουσα μοῖρα κομίσῃ· ἀμελήσαντας δὲ ὑμᾶς
καὶ κακισθέντας οὐδεὶς εὐμενῶς ὑποδέξεται. Τοῖς μὲν οὖν
παισὶ ταῦτ' εἰρήσθω.

font l'effet, non d'une parure convenable, mais d'une inconvenance ; elles mettent mieux en vue leur possesseur et font voir ainsi sa lâcheté ; enfin, toute science, 247 a séparée de la justice et des autres vertus, apparaît comme une rouerie, non comme un talent[35]. Ainsi donc, au début, à la fin, et toute votre vie, mettez toujours tout votre effort à nous surpasser le plus possible en gloire, nous et nos ancêtres ! Sinon, sachez-le : si nous l'emportons sur vous en vertu, cette victoire fait notre déshonneur, tandis que la défaite, si nous sommes vaincus, nous apporte le bonheur. Or, le meilleur moyen d'assurer notre défaite et votre victoire, c'est de vous b préparer à ne pas mésuser du renom de vos ancêtres et à ne pas le dilapider, convaincus que pour un homme qui s'attribue quelque valeur rien n'est plus honteux que de se parer d'un honneur dû non à ses propres mérites, mais au renom de ses ancêtres. Les honneurs des parents sont pour les fils un beau et magnifique trésor ; mais faire usage d'un trésor de richesses et d'honneurs, sans le transmettre à ses descendants, faute d'acquérir personnellement des biens et des titres de gloire, c'est une honte et une lâcheté. Si vous faites cet effort, c'est en e amis retrouvant des amis que vous viendrez nous rejoindre, quand vous conduira ici le destin attaché à votre condition ; mais si vous vous êtes montrés négligents et vils, nul ne vous fera bon accueil. Que ce soit là notre exhortation à nos fils !

---

35. Cette proposition est un axiome de la philosophie politique platonicienne. Voir notamment le développement que lui consacrent les *Lois*, V, 741 e-744 a.

Πατέρας δὲ ἡμῶν, οἷς εἰσί, καὶ μητέρας ἀεὶ χρὴ παρα-
μυθεῖσθαι ὡς ῥᾷστα φέρειν τὴν συμφοράν, ἐὰν ἄρα ξυμβῇ
γενέσθαι, καὶ μὴ ξυνοδύρεσθαι — οὐ γὰρ τοῦ λυπήσοντος
προσδεήσονται· ἱκανὴ γὰρ ἔσται καὶ ἡ γενομένη τύχη τοῦτο d
πορίζειν — ἀλλ' ἰωμένους καὶ πραΰνοντας ἀναμιμνήσκειν
αὐτοὺς ὅτι ὧν ηὔχοντο τὰ μέγιστα αὐτοῖς οἱ θεοὶ ἐπήκοοι
γεγόνασιν. Οὐ γὰρ ἀθανάτους σφίσι παῖδας ηὔχοντο γενέσθαι,
ἀλλ' ἀγαθοὺς καὶ εὐκλεεῖς, ὧν ἔτυχον, μεγίστων ἀγαθῶν
ὄντων· πάντα δὲ οὐ ῥᾴδιον θνητῷ ἀνδρὶ κατὰ νοῦν ἐν τῷ
ἑαυτοῦ βίῳ ἐκβαίνειν. Καὶ φέροντες μὲν ἀνδρείως τὰς
συμφορὰς δόξουσι τῷ ὄντι ἀνδρείων παίδων πατέρες εἶναι
καὶ αὐτοὶ τοιοῦτοι, ὑπείκοντες δὲ ὑποψίαν παρέξουσιν ἢ μὴ e
ἡμέτεροι εἶναι ἢ ἡμῶν τοὺς ἐπαινοῦντας καταψεύδεσθαι·
χρὴ δὲ οὐδέτερα τούτων, ἀλλ' ἐκείνους μάλιστα ἡμῶν ἐπαι-
νέτας εἶναι ἔργῳ, παρέχοντας αὑτοὺς φαινομένους τῷ ὄντι
πατέρας ὄντας ἄνδρας ἀνδρῶν.

Πάλαι γὰρ δὴ τὸ μηδὲν ἄγαν λεγόμενον καλῶς δοκεῖ
λέγεσθαι· τῷ γὰρ ὄντι εὖ λέγεται. Ὅτῳ γὰρ ἀνδρὶ εἰς
ἑαυτὸν ἀνήρτηται πάντα τὰ πρὸς εὐδαιμονίαν φέροντα ἢ
ἐγγὺς τούτου, καὶ μὴ ἐν ἄλλοις ἀνθρώποις αἰωρεῖται ἐξ ὧν 248
ἢ εὖ ἢ κακῶς πραξάντων πλανᾶσθαι ἠνάγκασται καὶ τὰ
ἐκείνου, τούτῳ ἄριστα παρεσκεύασται ζῆν, οὗτός ἐστιν ὁ
σώφρων καὶ οὗτος ὁ ἀνδρεῖος καὶ φρόνιμος· οὗτος γιγνο-
μένων χρημάτων καὶ παίδων καὶ διαφθειρομένων μάλιστα

Consolation aux parents

« Quant à nos pères, si nous les avons encore, et à
nos mères, il faut les encourager sans cesse à supporter
de leur mieux le malheur, si d'aventure il vient à les
atteindre, au lieu de gémir avec eux ; car ils n'auront pas
besoin qu'on excite leur douleur : à lui seul y suffira d
l'événement. Tâchons, au contraire, de guérir et d'adou-
cir leur peine, en leur rappelant que leurs principaux
souhaits ont été exaucés par les dieux. Ce n'est pas l'im-
mortalité qu'ils souhaitaient à leurs fils, mais la vertu et
la gloire : or ils ont obtenu ces biens, les plus grands de
tous ; quant à tout voir, dans le cours de son existence,
réussir à son gré, c'est chose malaisée pour un mortel.
En supportant bravement leurs malheurs, ils passeront
pour être vraiment pères de braves, et pareils eux- e
mêmes à leurs fils ; s'ils se laissent abattre, on les soup-
çonnera de ne pas être nos pères, ou bien ce sont nos
panégyristes qui sembleront mentir[36]. Ni l'un ni l'autre
ne doit se produire ; mais c'est à eux surtout d'être nos
panégyristes par leur conduite, et de faire voir aux yeux
de tous, en se montrant des hommes, qu'ils ont vraiment
donné le jour à des hommes.

« Le dicton *Rien de trop* a une vieille réputation de
justesse : c'est qu'en effet il est juste. L'homme qui fait
dépendre de lui-même toutes les conditions capables de
conduire au bonheur ou dans son voisinage, sans les sus- 248 a
pendre à d'autres dont les succès ou les revers condam-
neraient sa propre fortune à flotter à l'aventure, celui-là
s'est préparé la vie la meilleure ; voilà l'homme sage,
voilà l'homme brave et sensé ; qu'il acquière richesses
et enfants ou les voie disparaître, c'est lui qui obéira

---

36. Ce qui est bien entendu la leçon du *Ménexène* : l'attitude
actuelle des Athéniens est aussi, et en partie, la conséquence des men-
songes que leur imposent les orateurs acquis au pouvoir.

πείσεται τῇ παροιμίᾳ· οὔτε γὰρ χαίρων οὔτε λυπούμενος ἄγαν φανήσεται διὰ τὸ αὐτῷ πεποιθέναι. Τοιούτους δὲ ἡμεῖς γε ἀξιοῦμεν καὶ τοὺς ἡμετέρους εἶναι καὶ βουλόμεθα **b** καὶ φαμέν, καὶ ἡμᾶς αὐτοὺς νῦν παρέχομεν τοιούτους, οὐκ ἀγανακτοῦντας οὐδὲ φοβουμένους ἄγαν εἰ δεῖ τελευτᾶν ἐν τῷ παρόντι. Δεόμεθα δὴ καὶ πατέρων καὶ μητέρων τῇ αὐτῇ ταύτῃ διανοίᾳ χρωμένους τὸν ἐπίλοιπον βίον διάγειν, καὶ εἰδέναι ὅτι οὐ θρηνοῦντες οὐδὲ ὀλοφυρόμενοι ἡμᾶς ἡμῖν μάλιστα χαριοῦνται, ἀλλ᾽ εἴ τις ἔστι τοῖς τετελευτηκόσιν αἴσθησις τῶν ζώντων, οὕτως ἀχάριστοι εἶεν ἂν μάλιστα, **c** ἑαυτούς τε κακοῦντες καὶ βαρέως φέροντες τὰς συμφοράς· κούφως δὲ καὶ μετρίως μάλιστ᾽ ἂν χαρίζοιντο. Τὰ μὲν γὰρ ἡμέτερα τελευτὴν ἤδη ἕξει ἥπερ καλλίστη γίγνεται ἀνθρώποις, ὥστε πρέπει αὐτὰ μᾶλλον κοσμεῖν ἢ θρηνεῖν· γυναικῶν δὲ τῶν ἡμετέρων καὶ παίδων ἐπιμελούμενοι καὶ τρέφοντες καὶ ἐνταῦθα τὸν νοῦν τρέποντες τῆς τε τύχης μάλιστ᾽ ἂν εἶεν ἐν λήθῃ καὶ ζῷεν κάλλιον καὶ ὀρθότερον καὶ ἡμῖν προσφιλέστερον. **d**

Ταῦτα δὴ ἱκανὰ τοῖς ἡμετέροις παρ᾽ ἡμῶν ἀγγέλλειν· τῇ δὲ πόλει παρεκελευόμεθ᾽ ἂν ὅπως ἡμῖν καὶ πατέρων καὶ υἱέων ἐπιμελήσονται, τοὺς μὲν παιδεύοντες κοσμίως, τοὺς δὲ γηροτροφοῦντες ἀξίως· νῦν δὲ ἴσμεν ὅτι καὶ ἐὰν μὴ ἡμεῖς παρακελευώμεθα, ἱκανῶς ἐπιμελήσεται.

Ταῦτα οὖν, ὦ παῖδες καὶ γονῆς τῶν τελευτησάντων, ἐκεῖνοί τε ἐπέσκηπτον ἡμῖν ἀπαγγέλλειν, καὶ ἐγὼ ὡς δύνα- **e** μαι προθυμότατα ἀπαγγέλλω· καὶ αὐτὸς δέομαι ὑπὲρ ἐκείνων, τῶν μὲν μιμεῖσθαι τοὺς αὐτῶν, τῶν δὲ θαρρεῖν ὑπὲρ αὐτῶν, ὡς ἡμῶν καὶ ἰδίᾳ καὶ δημοσίᾳ γηροτροφησόντων

---

37. Socrate rompt ici avec la consolation pour donner un véritable avertissement. Le dicton « rien de trop » est une invitation à la domination de la vertu comme mesure de tous les biens possibles (voir D. A. Dombrowski, *Plato's Philosophy of History*, p. 30-31).

pleinement au proverbe : il ne montrera ni joie ni douleur excessives, parce qu'il ne se fie qu'à lui-même[37] !
Voilà comme nous prétendons, comme nous voulons b
trouver aussi les nôtres, et comme ils sont, nous le déclarons ; voilà comme nous nous montrons nous-mêmes aujourd'hui, sans révolte ni crainte excessives s'il nous faut mourir maintenant. Nous demandons donc à nos pères et à nos mères de passer dans ces mêmes dispositions le reste de leur vie, et de savoir que ce ne sont pas leurs plaintes ni leurs gémissements qui nous seront le plus agréables, mais que, s'il reste aux morts quelque sentiment des vivants, ils trouveraient le plus sûr moyen c
de nous déplaire en se maltraitant eux-mêmes et en se laissant accabler par leurs malheurs, tandis qu'ils ne sauraient mieux nous complaire qu'en les supportant d'un cœur léger et avec mesure. Car notre vie va avoir la plus belle fin qui soit pour des humains, de sorte qu'il convient de la glorifier plutôt que d'en gémir ; et quant à nos femmes et à nos enfants, s'ils prennent soin d'eux, les nourrissent et tournent de ce côté-là leur pensée, ils auront le meilleur moyen d'oublier leur infortune et de mener une vie plus belle, plus droite et plus conforme à d
nos désirs.

« Voilà le message qu'il suffit d'adresser de notre part à nos proches ; quant à la cité, nous l'inviterions à prendre soin de nos pères et de nos fils, en élevant décemment les uns, et en nourrissant dignement la vieillesse des autres, si nous ne savions que, même sans cette invitation, elle y veillera comme il faut. »

Exhortations et consolations de l'orateur

« Tel est, fils et parents des morts, le message dont e
ils nous ont chargé et que je vous rapporte avec tout le bon vouloir dont je suis capable. À mon tour, je demande en leur nom, aux fils d'imiter leurs pères, aux autres de se rassurer sur eux-mêmes, certains que les particuliers s'uniront à l'État pour prendre soin de votre

ὑμᾶς καὶ ἐπιμελησομένων, ὅπου ἂν ἕκαστος ἑκάστῳ ἐντυγχάνῃ ὁτῳοῦν τῶν ἐκείνων. Τῆς δὲ πόλεως ἴστε που καὶ αὐτοὶ τὴν ἐπιμέλειαν, ὅτι νόμους θεμένη περὶ τοὺς τῶν ἐν τῷ πολέμῳ τελευτησάντων παῖδάς τε καὶ γεννήτορας ἐπιμελεῖται, καὶ διαφερόντως τῶν ἄλλων πολιτῶν προστέτακται φυλάττειν ἀρχῇ ἥπερ μεγίστη ἐστίν, ὅπως ἂν οἱ 249 τούτων μὴ ἀδικῶνται πατέρες τε καὶ μητέρες· τοὺς δὲ παῖδας συνεκτρέφει αὐτή, προθυμουμένη ὅ τι μάλιστ' ἄδηλον αὐτοῖς τὴν ὀρφανίαν γενέσθαι, ἐν πατρὸς σχήματι καταστᾶσα αὐτοῖς αὐτὴ ἔτι τε παισὶν οὖσιν, καὶ ἐπειδὰν εἰς ἀνδρὸς τέλος ἴωσιν, ἀποπέμπει ἐπὶ τὰ σφέτερ' αὐτῶν πανοπλίᾳ κοσμήσασα, ἐνδεικνυμένη καὶ ἀναμιμνήσκουσα τὰ τοῦ πατρὸς ἐπιτηδεύματα ὄργανα τῆς πατρῴας ἀρετῆς διδοῦσα, καὶ ἅμα οἰωνοῦ χάριν ἄρχεσθαι ἰέναι ἐπὶ τὴν b πατρῴαν ἑστίαν ἄρξοντα μετ' ἰσχύος ὅπλοις κεκοσμημένον. Αὐτοὺς δὲ τοὺς τελευτήσαντας τιμῶσα οὐδέποτε ἐκλείπει, καθ' ἕκαστον ἐνιαυτὸν αὐτὴ τὰ νομιζόμενα ποιοῦσα κοινῇ πᾶσιν ἅπερ ἰδίᾳ ἑκάστῳ γίγνεται, πρὸς δὲ τούτοις ἀγῶνας γυμνικοὺς καὶ ἱππικοὺς τιθεῖσα καὶ μουσικῆς πάσης, καὶ ἀτεχνῶς τῶν μὲν τελευτησάντων ἐν κληρονόμου καὶ ὑέος μοίρᾳ καθεστηκυῖα, τῶν δὲ ὑέων ἐν πατρός, γονέων δὲ τῶν c τούτων ἐν ἐπιτρόπου, πᾶσαν πάντων παρὰ πάντα τὸν χρόνον ἐπιμέλειαν ποιουμένη. Ὧν χρὴ ἐνθυμουμένους πρᾳότερον φέρειν τὴν ξυμφοράν· τοῖς τε γὰρ τελευτήσασι καὶ

38. Cette personnification de la cité est caractéristique, avec le thème de l'autochtonie, du discours civique athénien. Platon la reprend souvent à son compte (notamment dans l'*Apologie de Socrate*, 24 b-26 b) et rappelle ici les deux soins ou fonctions que la cité doit exercer à l'égard de ses citoyens (la nourriture, la *trophê*, au sens large de la satisfaction des besoins, et l'éducation).

39. Eschine évoque cette cérémonie dans le *Contre Ctésiphon*, 154. Aux grandes Dionysies, avant le concours tragique, les fils des

vieillesse, et que notre sollicitude se manifestera partout
où chacun de nous rencontrera quelque parent des morts.
Quant à la cité, vous-mêmes vous connaissez sans doute
sa sollicitude[38] : après avoir établi des lois pour les
enfants et les parents des morts tombés à la guerre, elle
veille sur eux, et, plus que les autres citoyens, elle a
chargé la magistrature la plus haute de protéger contre   249 a
l'injustice les pères et les mères de ces morts ; pour les
enfants, elle-même contribue à leur éducation ; dési-
reuse de leur dissimuler autant que possible leur condition d'orphelins, elle-même prend auprès d'eux le rôle
du père quand ils sont encore enfants, et, lorsqu'ils
deviennent des hommes faits, elle les envoie en possession de leurs biens, après les avoir parés d'une armure
complète ; elle leur montre et leur rappelle la conduite
de leur père, en leur donnant les instruments de la
vaillance paternelle, et leur permet en même temps, à   b
titre d'heureux présage, d'aller pour la première fois au
foyer paternel pour y exercer l'autorité jointe à la force,
avec les armes dont ils sont revêtus[39]. Aux morts eux-
mêmes elle ne cesse jamais de rendre hommage : chaque
année, c'est elle qui organise pour tous en public les
cérémonies qu'il est d'usage de célébrer pour chacun en
particulier ; elle y ajoute des jeux gymniques et hip-
piques, des concours musicaux de toute nature. Bref, à
l'égard des morts, elle prend le rôle de l'héritier et du
fils ; envers les fils, celui du père ; envers les parents,   c
celui du tuteur, sans cesser, dans tout le cours du temps,
de prodiguer à tous toutes les formes de sollicitude. Ces
pensées doivent vous faire supporter votre malheur avec
plus de calme ; c'est ainsi que vous pourrez le mieux

citoyens morts à l'ennemi étaient présentés au peuple, dans le théâtre,
revêtus d'une armure d'hoplite. Le héraut proclamait que, leurs pères
étant morts à la guerre en gens de cœur, le peuple avait élevé leurs fils
jusqu'à la jeunesse, et que maintenant, après les avoir armés, il les lais-
sait libres de s'occuper de leurs affaires. *L. M.*

τοῖς ζῶσιν οὕτως ἄν προσφιλέστατοι εἴτε καὶ ῥᾷστοι θεραπεύειν τε καὶ θεραπεύεσθαι. Νῦν δὲ ἤδη ὑμεῖς τε καὶ οἱ ἄλλοι πάντες κοινῇ κατὰ τὸν νόμον τοὺς τετελευτηκότας ἀπολοφυράμενοι ἄπιτε.

Οὗτός σοι ὁ λόγος, ὦ Μενέξενε, Ἀσπασίας τῆς Μιλησίας **d** ἐστίν.

ΜΕΝ. Νὴ Δία, ὦ Σώκρατες, μακαρίαν γε λέγεις τὴν Ἀσπασίαν, εἰ γυνὴ οὖσα τοιούτους λόγους οἴα τ' ἐστ. συντιθέναι.

ΣΩ. Ἀλλ' εἰ μὴ πιστεύεις, ἀκολούθει μετ' ἐμοῦ, καὶ ἀκούσει αὐτῆς λεγούσης.

ΜΕΝ. Πολλάκις, ὦ Σώκρατες, ἐγὼ ἐντετύχηκα Ἀσπασίᾳ, καὶ οἶδα οἵα ἐστίν.

ΣΩ. Τί οὖν ; οὐκ ἄγασαι αὐτὴν καὶ νῦν χάριν ἔχεις τοῦ λόγου αὐτῇ ;

ΜΕΝ. Καὶ πολλήν γε, ὦ Σώκρατες, ἐγὼ χάριν ἔχω τούτου τοῦ λόγου ἐκείνῃ ἢ ἐκείνῳ ὅστις σοι ὁ εἰπών ἐστιν αὐτόν· **e** καὶ πρός γε ἄλλην πολλὴν χάριν ἔχω τῷ εἰπόντι.

ΣΩ. Εὖ ἂν ἔχοι· ἀλλ' ὅπως μου μὴ κατερεῖς, ἵνα καὶ αὖθίς σοι πολλοὺς καὶ καλοὺς λόγους παρ' αὐτῆς πολιτικοὺς ἀπαγγέλλω.

ΜΕΝ. Θάρρει, οὐ κατερῶ· μόνον ἀπάγγελλε.

ΣΩ. Ἀλλὰ ταῦτ' ἔσται.

être chers aux morts et aux vivants, et faciliter les soins que vous donnerez et recevrez. Et maintenant, unissez-vous à tous les autres pour donner aux morts les lamentations d'usage avant de vous retirer ! »

Conclusion

Tu as là, Ménexène, le discours d'Aspasie de Milet. d

MÉNEXÈNE. — Par Zeus ! Socrate, Aspasie est bien heureuse, d'après toi, si elle peut, elle une simple femme, composer de pareils discours !

SOCRATE. — Si tu ne le crois pas, suis-moi, et tu l'entendras elle-même.

MÉNEXÈNE. — Plus d'une fois, Socrate, j'ai rencontré Aspasie, et je sais ce qu'elle vaut.

SOCRATE. — Eh bien, ne l'admires-tu pas ? Et ne lui sais-tu pas gré aujourd'hui de son discours ?

MÉNEXÈNE. — Si, Socrate ; je suis même, pour ma part, fort reconnaissant de ce discours à Aspasie ou à e celui qui te l'a débité, quel qu'il soit. Et fort reconnaissant, en outre, à celui qui l'a reproduit.

SOCRATE. — Voilà qui va bien. Mais garde-toi de me dénoncer, si tu veux que je te rapporte encore beaucoup de beaux discours politiques tenus par elle.

MÉNEXÈNE. — Rassure-toi, je ne te dénoncerai pas, pourvu que tu me les rapportes.

SOCRATE. — C'est entendu.

Notes critiques

Note A. Aspasie.

L'attribution de l'oraison du *Ménexène* à Aspasie procède d'une double critique, à la fois dialogique et politique.

Que Socrate prononce le discours d'un(e) autre est un procédé méthodologique de ventriloquie relativement courant dans le dialogue platonicien (voir les exemples du *Phèdre* et la fin du *Banquet*, 201 d - 212 b), qui fait répéter par Socrate des discours dont ce dernier n'est pas l'auteur, mais qui jouent dans le dialogue le rôle de matériau sur lequel la réflexion ou la critique pourront s'exercer. Et cela d'autant plus aisément que le discours prononcé est forgé de façon à exposer lui-même, comme c'est le cas ici, ses contradictions ou ses lacunes. L'oraison de Socrate, empruntée à une femme (lorsque ce discours était une fonction masculine, réservée à des citoyens de droit), se désigne donc immédiatement comme une contrefaçon. Cette contrefaçon vise ensuite un objectif politique, puisque la mise en cause d'Aspasie vaut évidemment pour critique de son époux Périclès. Originaire de Milet, Aspasie épousa Périclès vers 449. Cette femme éduquée, qui joua, semble-t-il, un rôle important dans le milieu éclairé et ouvert du dirigeant athénien (lui-même, dit-on, reçut les leçons des philosophes Zénon et Anaxagore), devint très vite la cible de critiques à la mesure de sa détestable réputation.

Femme d'influence, admirée pour sa beauté et son intelligence (Plutarque, dans sa *Vie de Périclès*, 24, rapporte que ce dernier l'épousa « pour sa science et pour sa sagesse politique »), elle fut accusée d'être la plus grande et la plus *libre* des courtisanes, au point d'être traduite en justice à la fois pour impiété et pour avoir reçu chez elle des femmes de mœurs légères. Elle devenait ainsi, comme ce fut le cas d'Anaxagore contraint à l'exil, la cible d'ennemis qui cherchaient à travers elle à mettre en cause Périclès ; les comiques ont relayé les tribunaux pour dépeindre cette courtisane d'État (Eschine le socratique composa un dialogue *Aspasie*, sans doute contemporain du *Ménexène* ; Cicéron, *De Inventione*, I, 31-32, en garde témoignage). Qu'elle soit victime ici de la critique platonicienne, qui fait d'elle véritable et très autoritaire auteur du discours de Périclès, ne signifie pas seulement que le *Ménexène* l'utilise prudemment comme prête-nom. C'est bien plutôt la rhétorique gouvernementale athénienne qui est visée à travers elle, comme elle l'est dans le *Gorgias* aux dépens des orateurs. Si Périclès est celui qui incarna le mieux, aux yeux de Platon, l'apogée funeste de l'impérialisme athénien, c'est à la fois pour sa politique belliqueuse et de prestige, mais aussi pour les pratiques délibératives qu'il favorisa en contribuant à soumettre le gouvernement de la cité au règne de la persuasion oratoire.

Note B. L'oraison funèbre.

On trouve, sous une forme fragmentaire ou exhaustive, le texte d'*epitáphioi* dans les ouvrages suivants :

— Gorgias, les cinq fragments d'une *Oraison funèbre* sont consignés dans les recueils de fragments et témoignages des *Présocratiques* (dans la version française de J.-P. Dumont *et alii*, Gallimard, 1988, p. 1028-1030).

— Thucydide (oraison de Périclès), *Histoire de la guerre du Péloponnèse*, II, 34-46 (texte établi et traduit par J. de Romilly, Les Belles Lettres, 1962).

— Lysias, *Epitaphios en l'honneur des soldats qui allèrent au secours des Corinthiens*, reproduit en partie ci-dessous.

— Démosthène, *Epitaphios*, in *Discours d'apparat*, texte établi et traduit par R. Clavaud, Les Belles Lettres, 1974.

— Hypéride, *Epitaphios*, in *Discours*, texte établi et traduit par G. Colin, Les Belles Lettres, 1946.

Dans son analyse du *Ménexène*, Denys d'Halicarnasse regrette à plusieurs reprises l'emphase de l'oraison platonicienne. On retrouve sous la plume de Platon la plupart des figures caractéristiques de l'oraison, mais très ou trop appuyées, empreintes d'une lourdeur qui le rend « inférieur à lui-même » (*Démosthène*, 6, 2). Denys s'en étonne, mais passe outre, incapable de soupçonner Platon de s'être livré volontairement à ces « gorgianismes qu'il utilise puérilement et hors de propos » (*ibid.*, 5, 6). Quant à son plan, on l'a vu, le *Ménexène* sacrifie effectivement à la tripartition d'usage (éloge, exhortation, consolation). Mais les figures de la rhétorique oratoire y sont aussi et à leur tour systématiquement employées : on trouve ainsi des antithèses ou des parallélismes (Denys en regrette l'abus, notamment en 248 d-e), des hyperboles (notamment en 246 a-b), des paronomases (dont *metoikoûntas* / *oikoûntas* en 237 b 5-6, ou encore *dóxan* / *axían* / *axíois* en 239 c 4), mais aussi l'usage de formes poétiques (le style dithyrambique de 238 a 6-7, les trimètres iambiques de 238 c 2 et 245 d 5).

L'utilisation abondante de ces figures et d'un grand nombre d'ornements oratoires dit assez, à sa façon, le caractère satirique du texte platonicien qui juxtapose et accumule tous les tours et tous les lieux communs de l'*epitáphios*. Elle donne enfin à la consolation qui clôt le dialogue un statut particulier (moins riche ou chargée ; Denys la trouve de facture bien meilleure que les deux premiers tiers du texte), qui correspond effectivement à la leçon que le *Ménexène* entend donner à l'oraison, celle d'un avertissement explicite et non plus seulement d'une raillerie.

Partiellement reproduite ici, dans la traduction de L. Gernet et M. Bizot, (Les Belles Lettres, 1959 pour la 4e édition revue), l'*Oraison funèbre* attribuée à Lysias fut rédigée en honneur de soldats tombés durant la guerre de Corinthe. Avec le texte plus ancien de Thucydide (et peut-être encore celui de Gorgias) elle est l'un des modèles, et donc l'une des cibles, du *Ménexène*. C'est pour cette raison qu'on a choisi de la reproduire ici, afin de faciliter une lecture conjointe du dialogue platonicien et d'un exemplaire contemporain de la tradition qu'il dénonce.

Lysias
Oraison funèbre en l'honneur des soldats qui allèrent au secours des Corinthiens

1 Citoyens présents à ces funérailles, si je croyais qu'il fût possible de faire paraître dans un discours la valeur des guerriers qui reposent en ce lieu, j'aurais à me plaindre qu'on m'ait désigné si peu de jours à l'avance pour prendre la parole. Mais l'humanité tout entière n'aurait pas assez de toute l'éternité pour composer une œuvre qui fût à la hauteur de leurs exploits ; aussi est-ce dans l'intérêt des citoyens chargés de parler devant vous que la cité, me semble-t-il, leur donne si peu de temps : c'est le meilleur moyen, a-t-elle pensé, de leur ménager l'indulgence de l'auditoire. **2** Dans ce discours à la gloire de nos héros, ce n'est pas avec leurs actions qu'il me faut rivaliser, mais avec les orateurs qui les ont célébrées avant moi. La matière offerte à la poésie et à l'éloquence par leur valeur est si riche qu'après avoir déjà inspiré tant de chefs-d'œuvre, loin d'être épuisée, elle laisse encore assez à dire aux nouveaux venus. Il n'est pas de terre, en effet, pas de mer où ils ne se soient signalés ; en gémissant sur leurs propres malheurs, tous les hommes, en tous lieux, chantent un hymne à la vertu de nos morts.

3 Je vais d'abord exposer les luttes soutenues par nos ancêtres dans les anciens temps et dont la renommée a transmis le souvenir. Elles méritent qu'on les commémore partout, soit dans les chants de la poésie, soit dans les discours à la louange des bons citoyens, soit dans les hommages que nous leur rendons en des occasions comme celle-ci, soit dans les leçons dont les exploits des morts offrent aux vivants la matière.

4 Jadis vivaient les Amazones, filles d'Arès, habitant près du fleuve Thermodon. Elles étaient les seules, parmi les peuples d'alentour, à porter une armure de fer, et elles furent les premières dans le monde entier qui montèrent sur des chevaux : ainsi, elles pouvaient surprendre l'ennemi étonné, l'atteindre dans sa fuite, aussi bien qu'échapper à sa poursuite. Femmes par le sexe, leur courage les faisait plutôt considérer comme des hommes. Elles se montraient en effet supérieures aux hommes par la vigueur de leurs âmes, plus qu'elles ne leur cédaient par la faiblesse de leurs corps. **5** Souveraines de nombreux peuples, elles avaient déjà asservi leurs voisins, quand la glorieuse renommée de notre pays leur inspira un grand espoir de s'illustrer : suivies des nations les plus belliqueuses, elles marchent sur notre ville. Mais elles trouvèrent devant elles des hommes de cœur, et leurs âmes ne furent plus au-dessus de leur sexe : elles démentirent leur première réputation,

et ces périls mieux que la faiblesse de leurs corps les
révélèrent femmes. **6** Par un malheur singulier, elles ne
purent tirer une leçon de leurs fautes pour mieux se
conduire dans la suite : au lieu de retourner chez elles
avouer leur insuccès et proclamer la valeur de nos
ancêtres, c'est sur notre sol même qu'elles périrent, et
que leur folie reçut son châtiment. Elles fournirent à
notre cité l'occasion de s'immortaliser par sa valeur, tandis que, vaincues chez nous, elles jetaient leur propre
patrie dans l'obscurité. Ainsi ces femmes, pour avoir
injustement convoité la terre d'autrui, perdirent justement la leur.

7   Adraste et Polynice, qui avaient marché contre
Thèbes avaient été vaincus, et les Cadméens refusaient
de laisser enterrer leurs cadavres. Les Athéniens, estimant que, s'ils avaient commis une faute, ils en avaient,
par leur mort, reçu le châtiment le plus rigoureux, que
les dieux des enfers étaient frustrés de leurs droits, et
qu'en souillant les sanctuaires, on commettait une
impiété envers les dieux du ciel, commencèrent par
envoyer des hérauts pour demander la permission d'en-
lever les morts : **8** le devoir des hommes de cœur, pensaient-ils, est de châtier leurs ennemis vivants, mais
c'est avoir une médiocre confiance en sa valeur que de
l'exercer sur des cadavres. Ne pouvant obtenir gain de
cause, ils marchèrent contre les Cadméens, non pour
vider une ancienne querelle, ni pour complaire aux
Argiens survivants,   **9**   mais parce qu'ils revendin-
quaient pour les soldats morts à la guerre le droit à la
sépulture. En affrontant l'un des adversaires, c'est pour
tous les deux qu'ils combattaient : l'un n'outragerait
plus les dieux en offensant les morts ; l'autre ne rentre-
rait pas dans sa patrie privé d'un honneur traditionnel,
exclu d'un droit hellénique et frustré d'une commune
espérance. **10** Pleins de ces pensées, et persuadés que
les hasards de la guerre sont les mêmes pour tous, ils
affrontèrent des ennemis nombreux ; mais ils avaient

le droit pour allié et ils furent vainqueurs. Au reste, l'ivresse du succès ne leur inspira pas un châtiment excessif : à l'impiété des Cadméens ils se contentèrent d'opposer le spectacle de leur propre vertu. On leur remit les corps des Argiens, enjeu pour lequel ils étaient venus combattre, et ils les enterrèrent dans leur propre pays, à Éleusis. Voilà ce que firent nos ancêtres pour ceux des sept guerriers qui moururent devant Thèbes.

11 Par la suite, Héraclès ayant disparu d'entre les hommes, ses enfants fuyaient Eurysthée et étaient repoussés par tous les Grecs honteux de leur acte, mais tremblant devant la puissance du roi. Ils arrivèrent dans notre ville et allèrent s'asseoir en suppliants sur nos autels. **12** Malgré les réclamations d'Eurysthée, les Athéniens refusèrent de les livrer. Ils vénéraient la vertu d'Héraclès plus qu'ils ne craignaient le danger, et ils aimaient mieux combattre pour les faibles, du côté du droit, que de complaire aux puissants en leur livrant leurs victimes. **13** Lorsqu'Eurysthée marcha contre eux avec les peuples qui occupaient alors le Péloponnèse, en présence du danger leur résolution ne fléchit pas : ils persévérèrent dans leurs sentiments. Ils n'avaient pourtant reçu d'Héraclès aucun service particulier, et ne savaient pas dans quelles dispositions ils trouveraient plus tard ses fils. **14** Convaincus de la justice de leur cause, sans autre motif de ressentiment contre Eurysthée, sans avoir à attendre d'autre profit que la gloire, ils affrontèrent une lutte si périlleuse par compassion pour les victimes et par haine pour leurs oppresseurs, afin de repousser les uns et de protéger les autres. La liberté, à leurs yeux, c'était de ne rien faire par contrainte ; la justice, de secourir des victimes innocentes ; le courage, de mourir s'il le faut en combattant pour la justice et la liberté. **15** Telle était la fière résolution des deux adversaires, qu'Eurysthée ne voulait rien devoir à la bonne volonté des Athéniens, et que les Athéniens auraient refusé leurs suppliants aux supplications mêmes d'Eurysthée. Ils opposent donc leurs seules forces à l'armée du Péloponnèse tout entier, remportent la victoire, sauvent la vie des Héraclides, affranchissent encore leurs âmes en les délivrant de la crainte, et, à leurs propres périls, couronnent la vertu du père dans le triomphe des enfants. **16** Les enfants furent plus heureux que le père : bienfaiteur du genre humain, s'imposant une vie de labeur, de triomphes et de gloire, Héraclès châtia ceux qui opprimaient les autres, mais ne put se venger d'Eurysthée, son ennemi personnel, qui le persécutait lui-même. Ses fils au contraire, grâce à notre cité, virent dans le même jour leur propre salut et le châtiment de leurs ennemis.

17 Pour bien des raisons il appartenait à nos ancêtres de se faire ainsi, d'un cœur unanime, les champions du droit. C'est sur le droit que se fonde leur origine elle-même. La plupart des nations, assemblage de peuples divers, occupent un sol étranger, dont elles ont chassé les habitants ; les Athéniens, au contraire, sont autochtones, et la même terre est à la fois leur mère et leur patrie. **18** Ils furent aussi les premiers, et les seuls en ce temps-là, qui abolirent chez eux les royautés pour y établir la démocratie, persuadés que la liberté de tous était le meilleur gage de concorde. Unis entre eux par la communauté des intérêts dans les périls, ils montraient dans leur vie publique des âmes libres, **19** et s'en remettaient à la loi du soin d'honorer les bons et de punir les mauvais : il ne convient qu'aux bêtes sauvages, pensaient-ils, de régner par la force ; mais il appartient aux hommes de fixer le droit par la loi, de le faire accepter par la raison et d'obéir à ces deux puissances, la loi étant leur reine et la raison leur guide.

20 Nobles par leur origine, nobles par leurs sentiments, les ancêtres des guerriers couchés en ce lieu accomplirent mille exploits admirables. La valeur de leur descendants a laissé aussi, partout, d'immortels et magnifiques trophées. À eux seuls ils ont, pour le salut de l'Hellade entière, affronté de nombreuses myriades de Barbares. **21** Le roi de l'Asie, qui n'avait pas assez de ses possessions, et se flattait encore d'asservir l'Europe, envoya contre nous une armée de cinq cent mille hommes. Ses généraux se dirent qu'en faisant accepter leur alliance à notre cité, ou en la soumettant si elle résistait, ils n'auraient pas de peine à réduire le reste des Grecs, et ils débarquèrent auprès de Marathon. Le meilleur moyen, pensaient-ils, de nous trouver seuls, sans alliés, c'était de risquer le combat quand la Grèce était encore divisée sur les moyens de repousser les agresseurs. **22** Au reste, la conduite antérieure d'Athènes leur faisait présumer que, s'ils se portaient d'abord contre une autre ville, en plus de ses habitants, ils trouveraient devant eux les Athéniens, prompts à secourir les victimes d'une injuste agression. S'ils commençaient au contraire par nous, quelle cité grecque, pour en sauver une autre, oserait encourir la haine déclarée des barbares ? **23** Tels étaient les calculs de l'ennemi. Mais nos ancêtres, sans raisonner sur le péril, persuadés qu'une mort glorieuse laisse le renom immortel de nos belles actions, ne tremblèrent pas devant le nombre : ils eurent confiance en leur valeur. Honteux de voir les barbares sur leur sol, ils n'attendent pas que les alliés soient informés de leur situation et viennent à leur secours : au lieu de devoir à d'autres leur salut, c'était à eux, pensaient-ils, de sauver le reste de la Grèce. **24** Dans ce sentiment unanime, leur petite troupe marche au-devant d'un ennemi nombreux. À leurs yeux, la mort était un sort à partager avec tous les hommes, la gloire avec une élite ; et si la mort fait de la vie un bien qui nous est étranger, le souvenir qu'ils laisseraient après leurs épreuves serait bien à eux. Ils croyaient aussi qu'une victoire qu'ils n'auraient pu remporter seuls leur serait également impossible avec leurs alliés. Vaincus, ils périraient seulement un peu plus tôt que les autres ; vainqueurs, ils affranchiraient avec eux les autres Grecs.

25 Ils se conduisirent en hommes de cœur qui n'épar-
gnaient point leurs personnes, faisaient à la vertu le
sacrifice de leur existence, plus respectueux des lois de
leur pays qu'effrayés par les périls de la guerre.
Sauveurs de la Grèce, ils triomphèrent sur leur propre
sol de ces Barbares que la cupidité avait jetés sur un
pays étranger. **26** Le combat fut livré si rapidement que
les mêmes messagers allèrent annoncer aux autres Grecs
l'arrivée des barbares sur notre sol et la victoire de nos
ancêtres. Au lieu d'avoir à redouter un danger prochain,
la Grèce eut la joie d'apprendre qu'elle était sauvée.
Comment s'étonner dès lors que ces exploits anciens
nous paraissent récents, et que la valeur de nos ancêtres
soit encore aujourd'hui un sujet d'admiration pour tous
les hommes?

[...] **48** Mais par la suite éclata entre les Grecs une
guerre causée par l'envie et la jalousie : pleins d'ambition, tous les peuples attendaient le moindre prétexte.
Dans un combat naval contre les Éginètes et leurs alliés,
les Athéniens s'emparèrent de soixante-dix trirèmes. **49**
Comme ils étaient occupés dans le même temps par le
blocus de l'Égypte et celui d'Égine, et que les citoyens
en âge de servir se trouvaient loin d'Athènes, soit sur les
vaisseaux, soit avec l'armée de terre, les Corinthiens et
leurs alliés se dirent qu'en se jetant sur l'Attique, ou
bien ils la trouveraient sans défenseurs, ou bien ils nous
feraient abandonner le siège d'Égine : ils mirent toutes
leurs forces en campagne et s'emparèrent de Géranie.

50 Mais les Athéniens privés de leurs soldats et
pressés par l'ennemi se refusèrent à rappeler un seul
homme. Pleins de confiance en leur courage et de
mépris pour les assaillants, tous, vieillards, jeunes gens
qui n'avaient pas encore l'âge du service militaire, déci-
dèrent d'affronter seuls le péril. **51** Ceux-là tenaient
leur valeur de l'expérience et ceux-ci de la nature ; les
uns s'étaient distingués en maintes rencontres, les autres
brûlaient de les imiter ; les vieillards savaient comman-

der, les jeunes gens étaient capables d'exécuter leurs ordres. **52** Conduits par Myronide, ils vont chercher l'ennemi sur le territoire de Mégare et défont complètement son armée, avec des soldats qui ne pouvaient plus ou qui ne savaient pas encore se battre. L'ennemi prétendait envahir leur pays : ils passent leurs frontières pour le rencontrer **53** et érigent un trophée pour un exploit qui les couvre de gloire et l'ennemi de honte. Si, chez les uns, le corps avait perdu et, chez les autres, n'avait pas atteint sa vigueur, les uns et les autres l'emportèrent par la vaillance de leurs âmes ; ils rentrèrent à Athènes chargés d'une gloire éclatante, ceux-ci pour se remettre à leur éducation, ceux-là pour s'occuper des mesures qui restaient à prendre.

54 Il n'est pas facile à un seul homme de faire un récit détaillé des périls que tant d'autres ont courus, ni d'exposer en un seul jour les exploits de tous les siècles passés. Quelles paroles, quel temps, quel orateur pourraient suffire à faire connaître la valeur des héros couchés en ce lieu? **55** C'est au prix de peines infinies, des luttes les plus éclatantes, des plus nobles périls, qu'ils ont délivré la Grèce, donné la suprématie à leur patrie, gardé l'empire de la mer pendant soixante-dix ans, et maintenu la concorde chez chacun de leurs alliés. **56** Ils ne trouvaient pas juste que le peuple fût asservi à une oligarchie, ils imposaient partout un régime d'égalité et, loin d'affaiblir leurs alliés, ils les rendaient plus forts. Eux-mêmes firent preuve d'une telle puissance que le Grand Roi, au lieu de convoiter encore les possessions d'autrui, abandonnait une partie des siennes, non sans craindre pour le reste. **57** On ne voyait pas en ce temps-là des vaisseaux d'Asie cingler vers la Grèce, des tyrans s'établir chez les Grecs, une cité grecque réduite en esclavage par les Barbares. Tant la valeur de nos ancêtres inspirait de retenue et de crainte au monde entier ! C'est pourquoi les Athéniens méritent seuls d'être les patrons des Grecs et les guides des cités.

58 Leur vaillance se manifesta aussi dans les revers.
Ils avaient vu leur flotte détruite dans l'Hellespont, soit
par l'impéritie d'un chef, soit par la volonté des Dieux :
désastre accablant, et pour nous qui étions vaincus et
pour le reste des Grecs. On s'aperçut bientôt que la puissance de notre cité était le salut de la Grèce. **59** Quand
l'hégémonie eut passé à d'autres mains, les Grecs furent
vaincus sur mer par un peuple qui n'osait plus auparavant s'y aventurer. Les Barbares font voile vers
l'Europe ; les cités grecques sont asservies et des tyrans
s'y installent, les uns après notre revers, les autres après
la victoire des Barbares. **60** La Grèce aurait dû alors
apporter sur ce tombeau le tribut de son deuil et pleurer
les héros qui y reposent : avec leur valeur, c'est sa
propre liberté qu'elle voyait ensevelie. La perte de ces
héros était un malheur qui rendait la Grèce orpheline, le
changement d'hégémonie un bonheur pour le roi de
l'Asie : privée de ses défenseurs, la Grèce tomba dans la
servitude, tandis que, lui voyant d'autres chefs, le barbare s'empressa de reprendre les desseins de ses
ancêtres. [...]

Chronologie athénienne

Les guerres Médiques et l'âge de Platon

494. Échec de la révolte de l'Ionie contre Darius, roi de Perse.

492. Ultimatum de Darius aux cités grecques.

490. Expédition perse contre la Grèce ; soumission des Cyclades, débarquement en Eubée, prise de Naxos et d'Érétrie. Bataille de Marathon, remportée par les Athéniens.

485. Mort de Darius, Xerxès lui succède pour reprendre l'offensive en Grèce.

483. Début de l'archontat de Thémistocle à Athènes. Construction de la flotte (cent navires).

481. Alliance de Sparte et d'Athènes.

480. Batailles des Thermopyles, de l'Artémision. Prise d'Athènes par Xerxès. En septembre, les Athéniens l'emportent sur la mer à Salamine.

477. Hégémonie athénienne consacrée par la formation de la Ligue Maritime de Délos.

431 - 404. Guerre du Péloponnèse.

430 - 426. Épidémie de peste à Athènes. Elle emporta plus du quart de la population.

429. Mort de Périclès.

428. Révolte de Mytilène (la plus importante des cités de l'île de Lesbos, jusque-là alliée d'Athènes). Cléon, démagogue démocrate et commandant des troupes athéniennes, impose la guerre à outrance.

428/427. Naissance de Platon.

425. Victoire athénienne sur la côte de la Messénie. Sparte offre une paix avantageuse à Athènes, sans succès.

424. Athènes perd la maîtrise de la mer Égée. Amphipolis (en Thrace) est prise par Sparte. Le général lacédémonien Brasidas accumule les succès en Chalcidique.

422. Cléon meurt à Amphipolis.

421. La paix dite « de Nicias » est conclue. Pendant six ans et par alliés interposés, Athènes et Sparte vont s'opposer.

415 - 413. Expédition de Sicile. Le parti impérialiste et antispartiate réussit à décider l'opinion populaire athénienne à mettre fin à la trêve. En Sicile, sous obédience péloponnésienne (Syracuse est alors une colonie corinthienne), la cité de Ségeste, menacée par Sélinonte et Syracuse, appelle Athènes à son secours. Contre Nicias, Alcibiade l'emporte et part aux commandes d'une expédition maritime.

414. Condamné à Athènes pour sacrilège, Alcibiade trahit sa cité et rejoint Sparte. L'année suivante, l'expédition athénienne est défaite par Syracuse. La guerre a donc repris.

412. L'empire athénien s'effondre. L'Ionie se révolte (à la seule exception, démocratique, de Samos) contre Athènes ; alliance Sparte-Perse.

411. Première révolution oligarchique. Pendant quelques mois, les hétairies aristocratiques (favorables à la *patrios politeia* et au rapprochement avec Sparte) réussissent un complot contre la démocratie. Une assemblée de quatre cents membres cooptés (les « Quatre Cents ») se substitue à la *boulè* des cinq cents citoyens tirés au sort ; elle dresse le catalogue des « Cinq Mille » citoyens, désormais seuls détenteurs des droits civiques. Athènes est gouvernée dans le trouble et la terreur. À Samos, une partie de la flotte reste aux mains des démocrates. Thrasyllos, un hoplite, y est élu stratège. Une nouvelle défaite contre la flotte péloponnésienne précipite la fin du régime oligarchique et la restauration de la démocratie, en 410.

408. Carthage met à profit les dissensions grecques pour reprendre son extension en Sicile. Les troupes puniques y affrontent le tyran de Syracuse, Denys.

407. De retour à Athènes avec les démocrates, Alcibiade réussit à se faire élire stratège. Les pleins pouvoirs lui sont confiés pour poursuivre la guerre. Près de Notion, la flotte spartiate dirigée par Lysandre (et soutenue par les subsides de Cyrus le Jeune) inflige une terrible défaite à la flotte athénienne. Athènes destitue ses stratèges ; Alcibiade s'exile définitivement en Chersonèse.

406. Aux îles Arginuses, Athènes remporte sa dernière victoire.

405. Lysandre détruit entièrement la flotte athénienne, dans l'Hellespont, face à Lampsaque. Il prend le chemin d'Athènes.

404. En avril, Athènes capitule et cède aux conditions spartiates : destruction des Longs Murs, reddition de ses derniers navires, soumission à Sparte.

404 - 403. Réaction antidémocratique à Athènes. Les partisans de l'oligarchie, soutenus par Lysandre et sa garnison, prennent le pouvoir. C'est le régime de terreur et d'exception des « Trente », au sein desquels s'opposent Théramène le « modéré » et le très expéditif oncle de Platon, Critias (460-403). Réfugié à Thèbes, le démocrate Thrasybule réunit des troupes et des partisans. Il réussit à s'emparer du Pirée, aidé par les riches commerçants métèques, puis oblige les Trente et leurs partisans à se réfugier à Éleusis. Le roi de Sparte, Pausanias, s'offre comme intermédiaire aux deux partis. Une amnistie est conclue. Les

Trente sont renversés, la démocratie rétablie (sous le gouvernement des modérés, influencés par Théramène).

400. Sparte rompt avec le Grand Roi. Guerre en Asie Mineure.

399. Procès et mort de Socrate. Début plausible de l'activité littéraire de Platon.

395. Les émissaires du Grand Roi encouragent et financent depuis cinq ans le soulèvement contre Lacédémone. Une coalition est créée, qui regroupe Thèbes, menacée directement par Sparte, Athènes, Argos et Corinthe. La « bataille de Corinthe » désigne toutes les opérations qui eurent alors lieu dans l'isthme de Corinthe. Platon y prend peut-être part.

388/387. Platon voyage en Italie du Sud, où il rencontre Archytas de Tarente (philosophe pythagoricien et stratège). Puis à Syracuse, auprès de Denys Ier.

387. De retour à Athènes, Platon fonde l'Académie.

386. La Paix d'Antalcidas met fin au conflit des Perses et de Sparte. Le Roi conserve les cités d'Asie et de Chypre. Les autres cités grecques restent autonomes. Athènes garde Lemnos, Imbros et Scyros, où elle avait réinstallé ses clérouques.

381. Les Spartiates occupent la Cadmée, la citadelle de Thèbes, pour y renforcer le parti prolaconien.

379. Les Thébains, ayant chassé la garnison lacédémonienne, s'allient avec Athènes.

378. Une alliance générale, *symmachie*, réunit à Athènes les nouveaux alliés ; elle se donne pour fin de contraindre les Lacédémoniens à laisser les Grecs libres et autonomes. Sparte perd l'hégémonie ; c'est la deuxième Confédération maritime, un siècle exactement après la première.

376. Athènes maîtresse de la mer Égée.

374. Athènes fait la paix avec Sparte. La puissance thébaine s'est considérablement accrue.

373 - 372. Athènes est ruinée. Timothée est relevé de son commandement.

371. Un nouveau conflit oppose Thèbes et Sparte en Béotie. Sparte est défaite et laisse à Thèbes l'hégémonie. L'hégémonie maritime est reconnue à Athènes.

367/366. Platon retourne à Syracuse à la demande de Dion, pour encourager Denys II à mener une vie philosophique. Il échoue.

362 - 361. Athènes établit des clérouquies à Potidée puis à Samos.

361/360. Troisième et dernier voyage de Platon en Sicile, qui échoue à faire éprouver à Denys II « le désir de mener une vie philosophique » (*Lettre VII*, 330 a-b).

359. Philippe devient régent du royaume de Macédoine.

357 - 355. La « guerre sociale » met fin à la Confédération, abandonnée par Chios, Rhodes et Byzance.

356. Les Athéniens sont écrasés à Embata. Sous la menace d'une intervention, le Roi décide les Athéniens à la paix. Le parti modéré, conduit par Eubule, règne alors sur Athènes ruinée. Philippe devient le protecteur et l'allié de la Thessalie avec laquelle il s'oppose aux membres de l'Amphictyonie. Le conflit va durer dix ans.

355 - 354. Eubule, préposé au théorique, renonce à la politique impérialiste.

347/346. Platon meurt.

346. Paix dite « de Philocrate ». Le roi de Macédoine est officiellement admis dans le concert des États grecs.

Bibliographie

1. Le *Ménexène* n'a pas fait l'objet, depuis les travaux déjà anciens de M. Pohlenz (*Aus Platos Werdezeit*, Berlin, 1913) et de N. Scholl (*Der Platonische Menexenos*, Rome, 1959), d'exégèse philosophique précise. Cette lacune est partiellement comblée par quelques rares articles et par les indispensables études de N. Loraux qui rencontrent et commentent souvent le dialogue platonicien. On peut donc se reporter à :

C. H. KAHN, « Plato's Funeral Oration : the Motive of the *Menexenus* », *Classical Philology*, LVIII, 4, 1963, p. 220-234.

N. LORAUX, « Socrate, contrepoison de l'oraison funèbre. Enjeu et signification du *Ménexène* », *l'Antiquité Classique*, 1974, p. 172-211.

R. CLAVAUD, *Le* Ménexène *de Platon et la rhétorique de son temps*, Paris, Les Belles Lettres, 1980 (présente la littérature secondaire et la postérité textuelle de l'oraison platonicienne).

2. Sur le genre et les différentes expressions de l'oraison funèbre :

N. LORAUX, *Les Enfants d'Athéna*, Paris, Seuil, 1990².

N. LORAUX, *L'Invention d'Athènes*, Paris, Payot, 1993² (où l'on trouvera une abondante bibliographie).

3. Sur la philosophie de l'histoire et la philosophie politique de Platon :

L. ROBIN, « Platon et la science sociale », *Revue de Métaphysique et de Morale*, XX, 1913, repris dans *La Pensée hellénique, des origines à Épicure*, Paris, PUF, 1941, p. 177-230.

H. JOLY, *Le Renversement platonicien. Logos. Epistemê. Polis*, Paris, Vrin, 1985[2].

D. A. DOMBROWSKI, *Plato's Philosophy of History*, Washington, University Press of America, 1981.

J.-Fr. PRADEAU, *Platon et la cité*, Paris, PUF, 1997.

4. Le contexte historique et idéologique du *Ménexène* est décrit et analysé dans :

A. MOMIGLIANO, « Sea Power in Greek Thought », *The Classical Review*, 58, 1944, p. 1-7 ; repris dans *Secondo Contributo alla Storia degli studi classici*, Rome, Edizioni di storia e letteratura, 1960, p. 57-67.

Cl. MOSSÉ, *Histoire d'une démocratie : Athènes*, Paris, Seuil, 1971.

M. I. FINLEY, *Démocratie antique et démocratie moderne* (1972), traduction de l'anglais par M. Alexandre, Paris, Payot, 1976.

5. Sur la philosophie de Platon en général, on peut enfin se rapporter à tous les travaux de L. Robin (dont le *Platon*, publié aux PUF en 1935 est régulièrement réédité) et de V. Goldschmidt en langue française, puis à ceux de H. Cherniss en langue anglaise.

TABLE

Introduction VII

Ménexène 1

Notes critiques 51

Chronologie 63

Bibliographie 69

Ce volume,
le treizième
de la collection « Classiques en poche »,
publié aux Éditions Les Belles Lettres,
a été achevé d'imprimer
en mai 1997
dans les ateliers
de **Bussière Camedan Imprimeries**,
18203 Saint-Amand-Montrond.

Dépôt légal : mai 1997.
N° d'édition : 3434. N° d'impression : 1/1209.

Imprimé en France